ECONOMICS IN MINUTES

한 장의 지식

경제학

니얼 키슈타이니 지음 | 박준형 옮김

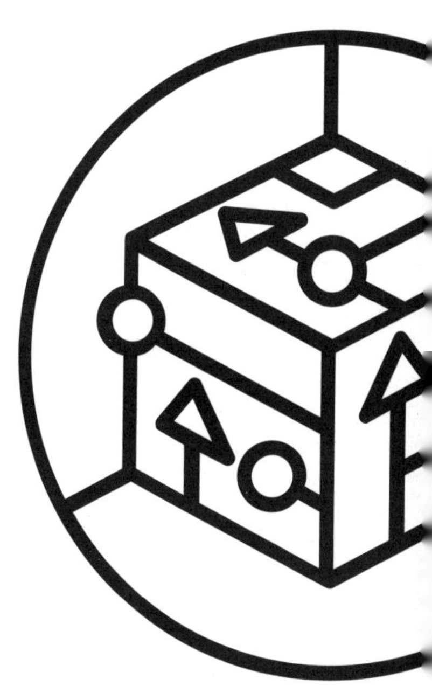

arte

/ 차례

서문 6

시장, 효율성, 공평성 8
경제적 인간과 합리성 / 희소성 / 효용성 / 선호도 / 기회비용 / 대체재와 보완재 / 정상재와 열등재 / 소득효과와 대체효과 / 소비자잉여 / 엥겔법칙 / 시간과 할인 / 노동 공급 / 가치의 역설 / 공급과 수요 / 수요 법칙 / 수요의 탄력성 / 기펜재 / 일반균형 / 보이지 않는 손 / 파레토 효율 / 시장의 효율성과 후생경제 논리 / 시장 실패 / 외부 효과 / 공유지의 비극 / 코즈의 정리 / 공공재와 무임승차 / 차선 / 애로우의 불가능성 정리 / 위험과 불확실성 / 위험 회피 / 보험 / 주인-대리인 문제 / 도덕적 해이 / 역선택 / 신호와 심사 / 경매와 승자의 저주 / 탐색과 매칭 / 게임이론과 죄수의 딜레마 / 신뢰할 수 있는 위협 / 행동 경제학 / 알레의 역설

돈과 금융 90
돈의 역할 / 명목화폐와 실물화폐 / 통화량 / 통화 창출 / 돈에 대한 수요 / 금리 / 시뇨리지 효과 / 화폐 착각 / 피셔 효과 / 은행 및 금융 중개 / 뱅크런 / 채권 / 위험과 수익 / 주식시장 / 자본 자산 가격 결정 모형 / 수익률 곡선 / 금융 공학 및 파생 상품 / 토빈의 Q / 효율적 시장 가설 / 금융 위기 / 신용 경색 / 금융 거품 / 기업금융 / 예측

기업과 산업 138
기업의 존재 / 수익 극대화 / 기업의 소유권과 통제 / 기업공개와 유한책임 / 생산함수 / 수확체감의 법칙 / 평균 원가와 한계비용 / 규모의 경제 / 매몰 비용 / 분업 / 완전경쟁 / 독점 / 자연독점 / 과점 / 독점적 경쟁 / 카르텔 / 가격 차별화 / 포식 / 진입 장벽과 경합 시장 / 특허 / 기업에 대한 세금 부과 / 광고

소득, 실업률, 인플레이션 182
GDP와 구성 요소 / 실질 GDP 대 명목 GDP / 소득의 순환 / 투자 / 소비 / 정부 지출 / 총수요 및 총공급 / 호황, 폭락, 불황 / 실업과 비용 / 자연 산출량 / 마찰적실업과 구조적실업 / 필립스곡선 / 스태그플레이션 / 히스테리시스 / 유동성 함정 / 인플레이션의 단점과 장점 / 초과수요 인플레이션과 비용 상승 인플레이션 / 생활비 / 통화수량설 / 하이퍼인플레이션 / 합리적인 기대 / 생애 주기와 항상소득

경제정책과 정부 226

케인스 승수 / 자동안정장치 / 실물 경기변동 이론 / 통화 중립성 / 정치적 경기순환 / 노동의 수요 / 효율 임금 / 임금과 가격의 경직성 / 주택 시장 / GDP와 행복 / 경제 안정 정책 / 통화정책 / 양적 완화 / 재정 정책 / 정책 재량 대 규율 / 통화주의 / 인플레이션 목표 / 루카스 비판 / 크라우딩 아웃 / 공급 중시 경제학 및 래퍼곡선 / 리카도 동등성 정리 / 독립적인 중앙은행과 시간 비일관성 / 예산 적자와 흑자 / 예산 균형 / 정부의 부채 / 조세의 귀착 / 직접세와 간접세 / 세금의 사중손실 / 정액세 / 재분배 과세 / 복지국가 / 연금 / 가격통제와 보조금 / 최저임금 / 경쟁 정책 / 규제 / 오염에 대한 과세 / 인간의 생명에 대한 가치

국제경제 302

비교 우위 / 국제수지 / 자유무역 / 보호무역주의 및 무역 전쟁 / 세계화 및 시장 통합 / 무역 및 지리적 위치 / 공정 무역 / 브레턴우즈 체제 / 미국의 무역 적자와 국제적인 불균형 / 국제적인 자본 흐름 / 다국적기업 / 노동력 이동 / 실질 환율과 명목 환율 / 고정환율제와 변동환율제 / 금본위제도 / 외환 위기 / 단일 통화 / 환율 하락

사회와 경제 338

경제학과 윤리 / 종교와 경제 / 경제학과 문화 / 제도와 재산권 / 마르크스경제학 / 노동가치론 / 중앙정부의 계획 / 사회적 시장 / 노동조합 / 결핍과 배급 / 경제적 자유주의 / 과시적 소비 / 가족 경제학 / 젠더 / 사회적자본 / 경제개혁

성장과 개발 370

성장과 성장의 원천 / 삶의 질과 생산성 / 경제적 융합 / 내생적 성장 이론 / 기술 / 인구 증가 / 산업화와 근대적 성장 / 창조적 파괴 / 발전 경제학 / 빈곤선 / 역량 이론과 기근 / 채무 면제 / 종속이론 / 불평등과 성장 / 인적 자본 / 아시아의 호랑이 / 비공식적 경제 / 고갈성 자원 / 환경 및 집합 행위 /

주요 용어 408 / **찾아보기** 411

서문

'왜 어떤 사회는 다른 사회보다 부유할까?', '은행은 왜 파산할까?', '세금은 얼마나 부과해야 할까?' 경제학자들은 이러한 질문에 대해서 답을 얻으려 하지만 언제나 의견이 분분하다. 일반인들에게 경제학은 어려운 용어와 복잡한 수식으로 되어 있는 모호한 언어이다. 한편 주가가 급등했다가 폭락하고, 위기가 또 다른 위기로 이어지는 것 같은 경제 뉴스는 당황스럽기만 하다. 하지만 전문적인 용어 속에 숨어 있는 경제학은 사실 꽤 간단한 원칙 몇 개로 요약할 수 있다. 이 책은 독자들에게 경제가 어떻게 작동하고, 경제를 어떻게 관리해야 하는지 이론의 묘미를 알려 줄 것이다.

대체 경제학이란 무엇일까? '경제학'이라는 용어는 '가계를 경영하다'라는 뜻을 가진 그리스어를 기원으로 한다. 지금은 그보다 훨씬 더 큰 의미를 포괄하게 되었지만 아무리 오랜 시간이 흘러도 가계와 개인은 언제나 경제의 기본 구성 요소이다. 사람들은 소득을 가지고 무엇인가를 구매하고, 얼마나 더 일을 할지 결정을 내린다. 이 과정에서 삶을 위한 기본적인 경제적 요소에 직면하게 된다. 제한된 자원으로 무엇을 소비하고 또 무엇을 생산할지 선택해야 한다는 것이다. 선택의 주체는 사람이다. 따라서 경제학의 핵심은 사람의 행동을 설명하는 것이다. 소비자는 왜 새 컴퓨터를 구매하고, 기업은 왜 공장을 세우며, 노동자는 왜 먼 도시에 와서 일자리를 얻는 것일까?

경제학자들 대부분은 자신들의 연구 주제를 과학이라고 생각한다. 그래서 물리학자들이 로켓의 가속도를 설명하는 규칙을 연구하듯이 실업 증가와 같은 경제적 현상을 결정하는 전반적인 규칙을 찾아내려고 노력한다. 하지만 인간의 행동에서 규칙을 찾는 일은 로켓의 비행 경로를 설명하는 것보다 훨씬 어렵다. 경제학자들의 의견이 분분한 이유가 바로 이 때문이다. 예를 들어서 정부는 경제 불황을 해결하기 위해서 더 많은 돈을 지출해야 할지 혹은 공공 부채를 유지할 수 있는 수준에서 지출을 중단해야 할지를 결정해야 한다. 이 책은 이런 토론에서 사용되는 복잡한 용어를 쉽게 설명해서 독자들이 중요하고 영향력이 큰 경제학 아이디어를 쉽게 이해하도록 도울 것이다.

— 니얼 키슈타이니

경제적 인간과 합리성

경제 이론의 핵심은 인간의 행동이다. 경제학자들은 인간이 가격과 금리뿐 아니라 경제에 영향을 미치는 날씨 따위의 요소까지 포함하는 다양한 경제적 변수에 일관성과 논리를 가지고 대응하는 합리적인 존재라고 인식한다. 한마디로 설명하면 인간은 경제적인 이익을 극대화하는 결정을 내린다. 그래서 차를 살 때나 겨울 코트를 살 때도 가장 최소의 비용으로 가장 취향에 맞는 선택을 한다.

경제학의 관점에서 합리성은 인간으로 하여금 다양한 상품의 가격과 품질 같은 정보를 모으고 평가하게 하여 최선의 선택으로 이끈다. 한편 현실적으로 인간은 냉철하고 합리적인 계산과 거리가 멀기도 하다. 종종 변덕과 감정에 휩쓸리기 때문에 기껏해야 나름 괜찮은 결정을 내리거나 철저한 추정이 아니라 대략 설득력이 있는 판단을 기준으로 결정한다. 그럼에도 경제학자들은 인간이 합리적이라는 원칙을 바탕으로 복잡한 행동을 효율적으로 단순화하거나, 각 이론의 근거로 삼는다.

/ Economic man and rationality

희소성

자원은 늘 유한하다. 밀, 석탄, 시멘트 등 어떤 자원이건 쓸 수 있는 양은 한정되어 있다. 자원을 사용하는 방법은 수없이 많다. 시멘트는 새로운 집을 건축하거나 공장을 증축하는 데 사용된다. 밀을 가공해서 다양한 제품을 만들고, 다양한 사람들이 이를 소비한다. 집도 지어야 하고, 공장도 세워야 하고, 사람들에게 더 많은 영양도 제공해야 한다. 이 모두가 중요한 가치를 가지지만, 한정된 자원으로 모두를 해결할 수는 없다. 그래서 무엇을 선택하느냐가 경제학의 근본적인 존재 이유가 된다.

경제학자들은 이런 문제를 '상충 관계trade-off'로 이해한다. 각 선택은 서로 경쟁 관계이고, 저마다 혜택과 비용을 가진다. 전반적인 혜택을 비용보다 크게 만드는 것이 최선이다. 희소한 자원을 배분하는 과정에서 상충 관계를 분석하는 것이 현대 경제학의 핵심이다. 경제학자 라이어널 로빈스는 이를 두고 '인간 행동을 목적과 희소한 수단 사이의 관계로 연구하는 과학'이라고 설명했다. 경제학자들은 시장이 이를 결정하는 강력한 수단이라고 믿는다.

/ Scarcity

효용성

경제학자들이 가지는 인간 행동에 대한 근본적인 원칙 하나는 물건을 구매하건, 저축을 하건, '효용성' 극대화를 목적으로 한다는 것이다. 바나나보다 딸기가 좋다면, 바나나보다 딸기에서 큰 효용성을 얻는다는 뜻이다. 수량으로 표현하면 바나나의 효용성은 '2'이고 딸기는 '4'이다. 경제적인 인간에게 효용성 극대화는 유일한 목표다. 경제학은 돈을 연구하는 학문으로 생각되기도 한다. 돈은 물건을 구매하는 수단이며, 효용성은 행동의 '이유'가 된다.

효용성은 주관적이다. 나는 딸기에 만족도가 높지만, 딸기를 싫어하는 사람은 그 반대다. 초기 경제학에서는 효용성이 돈처럼 측정 가능하다고 생각했다. 그래서 '4' 만큼 효용성을 얻은 사람은 '2'인 사람보다 두 배 행복하다고 추정했다. 하지만 효용성은 객관적으로 판단할 수 없기에 현재 경제학자들은 효용성을 순위로 고려한다. 누군가 바나나가 아닌 딸기를 선택했다면, 바나나보다 딸기에서 더 큰 효용성을 얻는다는 뜻이다. 하지만 얼마큼의 효용성을 얻는지 정확하게 측정할 수는 없다.

선호도

경제학자들은 행복을 개인의 선호도(어떤 한 가지 대상을 다른 것에 비해서 더 좋아하는 것)가 얼마나 충족되었는지를 바탕으로 판단한다. 자원은 희소하기 때문에 개인이 선호를 만족하는 데 한계가 있다. 사람들은 '제한된 예산'에 직면했을 때 이를 경험한다. 물건을 구매할 수 있는 돈을 얼마나 소유했느냐가 만족의 정도를 좌우한다. 이 과정에서 사람들은 효용성 혹은 행복 정도를 극대화하는 것으로 알려져 있다.

물론 개인의 욕망을 객관적으로 평가하는 것은 어렵다. 그래서 경제학자들은 '현시 선호revealed preference'라는 관점에서 생각하려고 한다. 어떤 여성이 치마가 아니라 청바지를 구매하는 데 돈을 썼다면, 이 여성은 치마보다 청바지를 선호하는 것으로 추론한다. 경제학은 이를 바탕으로 가격과 소득의 변화에 따른 예산의 확대와 축소에 대해 개인이 어떻게 대응하는지를 설명한다.

/ Preferences

기회비용

대학에 입학하면서 돈이 얼마나 드는지 계산한다고 가정해 보자. 등록금과 식비, 방값 등을 따져 볼 것이다. 경제학자들은 선택에 따르는 진정한 비용은 그 결과로 포기해야 하는 기회라고 생각한다. 따라서 대학에 입학하는 데 따르는 기회비용은 '일자리를 포기하는 것'이다. 대학에 가지 않고 일을 했다면 벌어들일 수 있는 돈과 학생이 되어 직접적으로 지출하게 되는 식비와 방값 등이다. 물론 이 돈은 취직을 해도 지출하게 된다. 다만 한쪽이 돈을 더 많이 지출할 수는 있다.

기회비용 개념은 자원이 최선의 용도로 사용되고 있는지 판단하는데 도움을 준다. 어떤 기업이 도심에 건물을 가지고 있고, 여기에서 사업을 한다고 가정해 보자. 사무실 임대 비용은 들지 않겠지만, 목 좋은 곳에 위치한 회사 건물을 임대하고 직원들을 외곽으로 보내 벌어들일 수 있는 임대 수익은 포기하게 된다.

/ Opportunity cost

대체재와 보완재

다양한 초콜릿 바가 있다. 경제학에서는 이를 대체재라고 부른다. 기본적으로 동일한 욕구를 충족할 수 있는 제품들이기 때문이다. 그래서 어떤 제품의 가격이 상승하면 사람들은 더 싼 제품을 하나 혹은 여러 개 구매한다. 한편 어떤 제품은 함께 소비된다. CD와 CD 플레이어를 예로 들 수 있다. CD 가격이 오르면, CD 플레이어 수요가 감소한다. 이것이 경제학에서 말하는 보완재이다.

서로 전혀 연관되어 있지 않은 재화는 상당히 많다. 그래서 어떤 제품의 가격이 올라도, 다른 제품에는 영향을 미치지 않는다(참치 가격이 오른다고 컴퓨터게임 가격이 오르지는 않는다). 하지만 어떤 재화건 어느 정도 대체재와 보완재를 가지고 있다. 예를 들어 다른 상표의 오렌지 주스는 강력한 대체재지만, 버터와 마가린도 어느 정도 대체재로 볼 수 있다. 당국은 특정 기업이 시장을 독점하고 있는지 판단할 때 대체재에 주목한다. 어떤 기업이 버터 시장을 독점하고 있다 해도 마음대로 가격을 올릴 수는 없다. 소비자들이 버터 대신 마가린을 구매할 가능성이 있기 때문이다.

/ Substitutes and complements

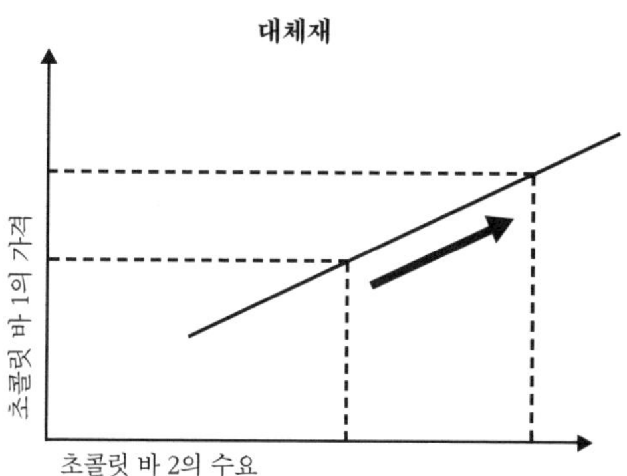

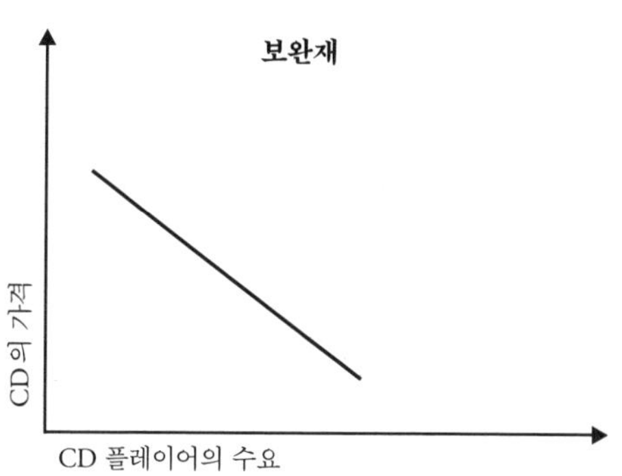

정상재와 열등재

어느 날 갑자기 임금이 인상되었다고 생각해 보자. 갑자기 부자가 된 것 같다. 그래서 평상시에 좋아했지만 비싸서 사 먹지 못했던 맥주를 산다. 이때 당신이 구매한 맥주가 정상재이다. 소비는 소득과 함께 증가한다. 소득이 줄면, 소비도 줄어든다.

돈의 여유가 생기면서 전에 사 먹던 저렴한 브랜드의 사이다는 잘 먹지 않게 되었다. 이 사이다가 열등재이다. 열등재는 소득이 늘면 소비가 줄고, 소득이 줄면 소비가 증가한다. 캐비아나 스포츠카와 같은 사치품은 특별한 종류의 정상재로 고려된다. 소득이 증가한 정도에 비해 소비가 급증해야 하기 때문이다.

물론 소득 정도에 따라 어떤 제품 전체가 정상재 혹은 열등재가 되기도 한다. 임금이 오르면 더 비싼 맥주를 마시지만, 로또에 당첨되면 맥주를 끊고 샴페인만 마실 수도 있다.

/ Normal and inferior goods

소득효과와 대체효과

감자 칩과 콜라만 먹는 학생이 있다. 감자가 풍년이 드는 바람에 감자 칩 가격이 떨어졌다. 감자 칩 가격이 떨어지면 소비에 두 가지 방식으로 영향을 미친다. 첫째, 감자 칩 가격을 생각하면 콜라 가격이 인상된 것과 같다. 이 학생이 콜라를 살 때마다 포기해야 하는 감자 칩이 전보다 더 늘었기 때문이다. 이 학생은 콜라 소비는 줄이고, 감자 칩 소비를 늘릴 가능성이 있다. 이것이 바로 경제학에서 말하는 대체효과이다. 둘째로 감자 칩 가격이 하락하면서 학생의 구매력이 더 늘어나게 된다. 소득이 증가한 것과 같은 효과가 발생하는 것이다. 학생이 두 가지 제품의 구매를 전보다 더 늘릴 가능성이 있다. 이것이 소득효과이다.

경제학자들은 가격 변화가 수요에 미치는 영향을 분석한다. 앞의 예에서 학생의 감자 수요에 미치는 영향은 분명하다. 소득효과가 발생하건, 대체효과가 발생하건, 감자 칩 소비는 증가한다. 하지만 콜라에 미치는 효과는 모호하다. 대체효과가 발생할 경우, 콜라 수요는 줄어든다. 반대로 소득효과가 발생하면 콜라 소비 역시 증가한다.

/ Income and substitution effects

소비자잉여

어떤 여성이 방에 어울리는 옷장을 구매하려고 한다. 예산을 250파운드로 잡았지만, 제품 가격은 100파운드에 불과했다. 덕분에 이 여성 소비자는 150파운드의 소비자잉여를 얻게 되었다. 소비자잉여란 지불할 의사가 있던 가격에서 실제 지불한 가격을 뺀 금액이다.

가격이 비싸면 '비싼 가격을 지불할 용의가 있는 소비자' 소수에게만 판매된다. 옷장 가격이 100파운드일 때 일부 소비자들은 소비자잉여를 누리게 된다. 전체 시장에서 팔린 옷장이 500개이고 잉여에 따라 순위를 매긴다면, 500번째 옷장을 구매한 소비자는 정확하게 100파운드를 지불할 의사가 있는 사람일 것이다. 옷장을 더 많이 팔고 싶으면 가격을 더 낮추면 된다. 그러면 100파운드 이하로 지불할 의사가 있는 사람들까지 옷장을 살 것이다.

각 구매자의 소비자잉여를 합하면 시장 전체의 소비자잉여가 된다. 경제학자들은 전체 소비자잉여가 경제 후생성을 측정하는 잣대라고 믿는다. 전체 소비자잉여가 높을수록 소비자들의 욕구가 충족되었다는 뜻이다.

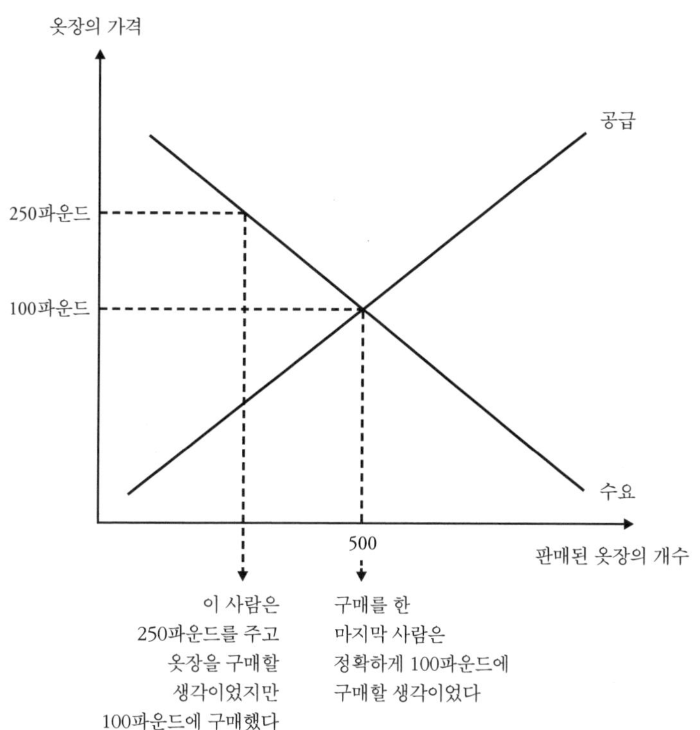
옷장의 가격
공급
250파운드
100파운드
수요
500
판매된 옷장의 개수
이 사람은
250파운드를 주고
옷장을 구매할
생각이었지만
100파운드에 구매했다
구매를 한
마지막 사람은
정확하게 100파운드에
구매할 생각이었다

엥겔법칙

19세기 독일 경제학자 에른스트 엥겔은 식비와 소득 사이에 존재하는 기본적인 패턴을 발견했다. 소득이 증가하면 식비도 증가하지만, 증가 폭이 작았다. 따라서 소득에서 식비가 차지하는 비중은 감소했다. 배가 고파서 죽어 가는 정도가 아니라면, 하루아침에 소득이 세 배 늘어났다고 식비도 세 배 늘어나는 것은 아니었다.

이 법칙은 가난한 사람들이 소득의 상당 부분을 식비에 지출한다는 뜻이다. 가난한 국가의 빈곤층 가정은 소득 대부분을 식비에 사용한다. 반대로 부유한 국가의 소비자들은 소득을 다양한 재화로 구성된 복잡한 바구니에 넣으며(바구니 속에는 집, 여행, 휴가, 오락 등 여러 가지가 들어 있다) 여기서 식비는 일부를 차지할 뿐이다. 엥겔법칙은 빈곤층이 식비 증가에 얼마나 취약한지 보여 준다. 소득 대부분을 식비로 지출하기 때문에, 식품 가격이 상승하면 굶주릴 수도 있다는 뜻이다.

/ Engel's law

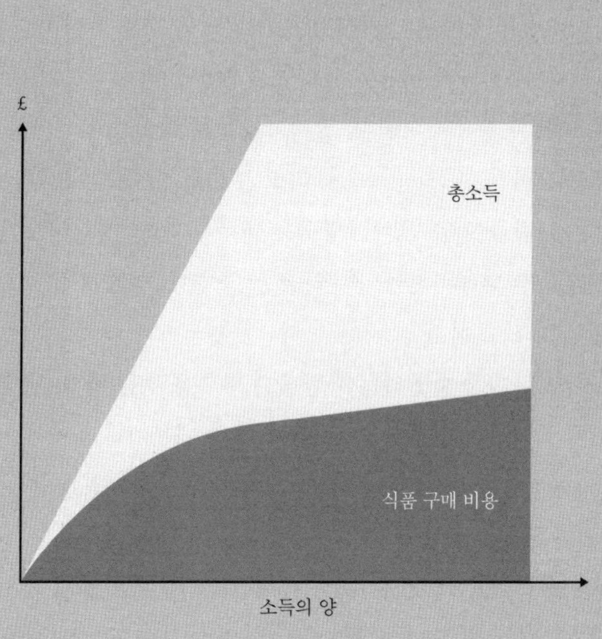

시간과 할인

경제적 결정은 어떤 물건의 구매 여부뿐 아니라 언제 구매하느냐의 문제이기도 하다. 인내심이 없는 사람은 당장 텔레비전을 구매하기 위해서 돈을 빌리는 것도 마다하지 않는다. 하지만 인내심이 있다면 텔레비전을 구매하기 위한 돈을 벌 때까지 기다린다. 경제학자들은 사람들의 인내심 정도를 시차 선호time preference라고 부른다. 유독 인내심이 없는 사람들도 있지만, 사람들은 대부분 한 달 지나서보다 오늘 당장 텔레비전을 구매하고 싶어 한다. 이를 두고 미래를 '할인한다'고 한다.

미래를 자주 할인하는 사람들은 저축은 조금 하고, 당장의 소비를 늘릴 가능성이 높다. 금리 개념 때문이다. 1년 후의 100파운드 값어치는 지금보다 적다. 지금 내가 누군가에게 100파운드를 빌려준다면, 1년 후에는 더 많은 돈을 갚으라고 요구할 것이다. 1년 후에 100파운드를 받을 것으로 예측된다면 이 돈의 '현재 가치'를 알아야 한다. 1년 뒤에 100파운드를 돌려받는다면 오늘의 금리를 기준으로 돈을 빌려줄 것이며, 그 금액은 100파운드보다 낮을 것이다.

/ Time and discounting

노동 공급

얼마나 많이 일을 해야 할지 결정하는 것은 소비와 여가 사이의 선택으로 볼 수 있다. 노동자의 임금이 인상되면 어떤 일이 벌어질까? 언뜻 보기에 일을 더 많이 할 것이라고 생각하기 쉽다. 일을 하지 않으면 얻게 되는 여가 시간 동안 그만큼 임금을 받지 못한다는 점을 고려하면 여가 비용은 더욱 비싸진다. 따라서 소비는 포기하게 된다. 결국 노동자는 여가를 줄이고 일을 늘린다.

그러나 임금이 높아지면 노동자는 일단 더 부유해진다. 그래서 더 많은 여가를 즐길 여지가 생기고, 덕분에 일을 줄일 수도 있게 된다. 임금 인상이 소비보다 여가에 더 많은 영향을 미치는 것도 가능하다. 즉 임금 상승에 따라 전반적인 노동시간이 줄어드는 것이다. 이는 단순히 이론적 가능성에 그치지 않는다. 지난 몇 세기 동안 선진국에서는 임금이 크게 상승하면서 노동시간이 급격하게 줄었다. 노동자들은 부유해지면서 얻어 낸 부를 이용해서 더 많은 여유를 즐기게 되었다.

/ Labour supply

가치의 역설

생존에 필수적인 물 한 잔은 공짜나 다름없는 반면 실용적인 용도라고는 없는 다이아몬드가 굉장히 비싸게 거래되는 이유는 무엇 때문일까? 이것이 바로 수십 년 동안 철학자와 경제학자 들이 논의했던 가치의 역설이다. 그중에서도 특히 대표적인 인물이 18세기 스코틀랜드의 경제학자인 애덤 스미스일 것이다. 가치의 역설은 한계효용으로 해결할 수 있다.

효용성이란 포도와 같은 재화를 소비하면서 얻는 즐거움이나 행복을 뜻한다〔p. 12〕. 한계효용이란 소비를 하나씩 늘릴 때마다 얻는 즐거움을 뜻한다. 포도를 다섯 개 먹었다면, 한계효용은 다섯 번째 포도를 먹었을 때 느끼는 추가적인 즐거움을 뜻한다. 한계효용은 감소하는 경향이 있다. 그래서 다섯 번째 포도를 먹었을 때 얻는 추가적인 효용성은 첫 번째를 먹었을 때보다 적다. 다이아몬드는 희귀하기 때문에, 한계효용이 매우 크고, 따라서 값도 비싸다. 반대로 물은 세계 어디에서나 쉽게 얻을 수 있기 때문에 물 한 방울이 갖는 한계효용은 훨씬 낮다.

/ The paradox of value

공급과 수요

자유 시장에서 재화의 가격은 공급과 수요에 의해서 결정된다. 밀의 시장가격은 농부가 공급하는 밀과 제분소 및 식품 제조업체가 가진 밀에 대한 수요 사이의 상호 작용에 의해서 결정된다. 시장에서 공급 수준과 수요 수준이 일치할 때를 '균형equilibrium'이라고 말한다.

시장은 균형 상태에서는 움직이지 않는다. 시장에서 일반적으로 통용되고 있는 가격에 밀을 구매하려는 모든 제분소는 밀을 판매할 의사가 있는 농부를 찾을 수 있고, 밀을 판매할 의사가 있는 모든 농부는 밀을 구매할 의사가 있는 제분소를 찾을 수 있기 때문이다. 그럼에도 시장에서 균형 상태가 깨지는 경우는 꽤 흔하다. 갑작스러운 가뭄 때문에 공급이 수요보다 적어지면 밀이 부족해진다. 자유 시장의 힘은 이런 깨어진 균형 상태를 수정하는 능력이다. 너무 많은 제분소가 너무 적은 밀 포대를 두고 경쟁을 벌이게 되면, 농부들은 판매에 실패할 가능성 없이 가격을 인상할 수 있다. 가격을 올리면 수요는 줄고 공급은 촉진되어, 시장은 또 다른 균형 상태에 이르게 된다.

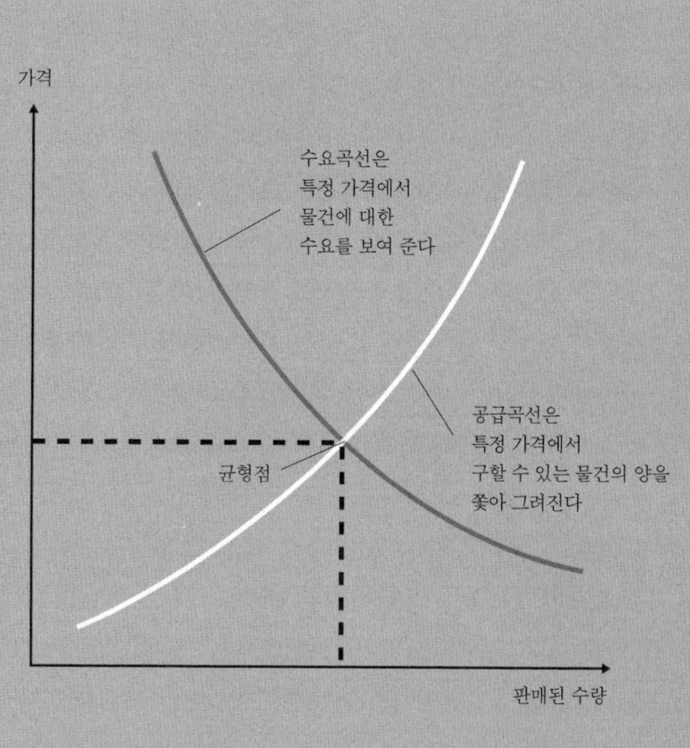
가격
수요곡선은
특정 가격에서
물건에 대한
수요를 보여 준다
공급곡선은
특정 가격에서
구할 수 있는 물건의 양을
좇아 그려진다
균형점
판매된 수량

수요 법칙

경제학에서 가장 기본적인 원칙은 재화의 가격이 상승하면 사람들의 수요가 줄고, 가격이 하락하면 사람들의 구매가 증가한다는 것이다. 이런 추정은 추상적으로 설명된 법칙이 대부분 그렇듯이 꽤 합리적이다. 하지만 현실 속에서 이 원칙이 언제나 적용된다고 볼 수는 없다. 일례로, 대리점에 전시 중인 자동차의 가격을 인하했다고 가정해 보자. 차를 구매하려는 사람들이 자동차 대리점 앞에 줄을 설지도 모른다. 하지만 차의 품질을 확신할 수 없다면 어떨까? 낮은 가격이 오히려 차의 품질이 낮다는 신호가 되어, 구매자를 늘리기는커녕 줄이는 결과로 이어질 수도 있다.

또 가격 이외에도 재화의 수요에 영향을 미치는 요소는 많다. 소비자들의 취향이 달라질 수도 있고, 밀접한 대용품의 가격 변화가 수요에 영향을 미칠 가능성도 있다. 개중에는 특별한 종류의 재화도 있다. 예를 들어서 자신의 부를 과시하는 제품일 경우〔소위 말하는 과시적 소비의 경우, p.360〕, 가격이 비싸지면 오히려 수요가 늘어나기도 한다.

/ The law of demand

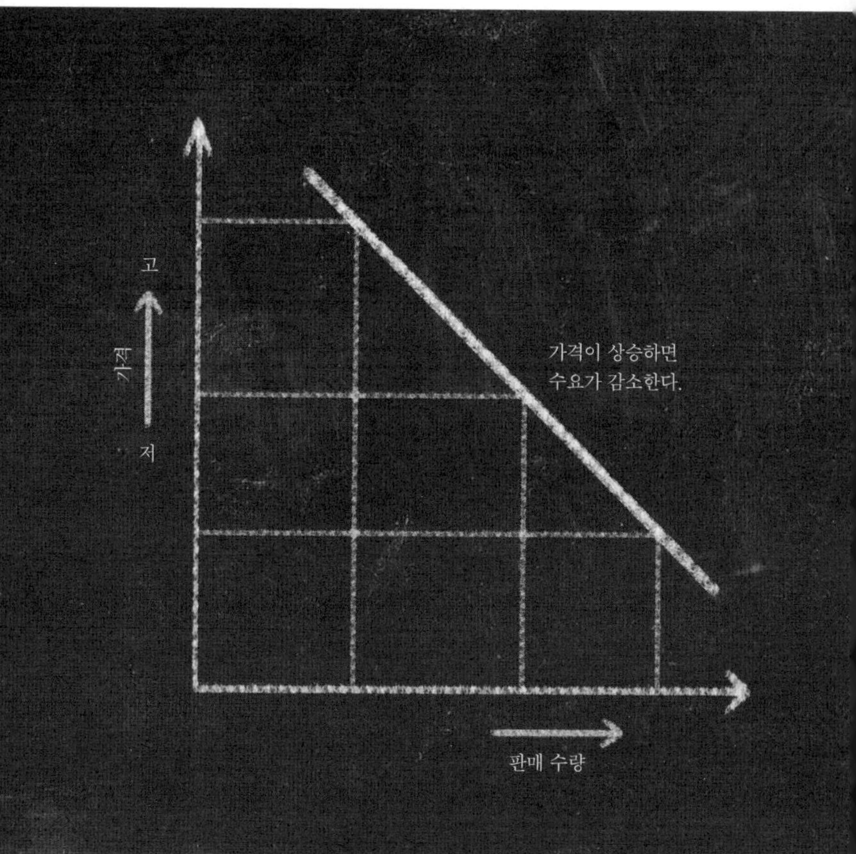

수요의 탄력성

사람들은 물건의 가격 변화에 다른 반응을 보인다. 예를 들어서, 잼의 가격이 상승했다고 가정해 보자. 소비자들은 잼 대신 마멀레이드를 구매하고, 그 결과 잼의 수요가 크게 하락할 가능성이 있다. 이처럼 잼의 수요는 가격 변화에 민감한데, 경제학자들은 이를 가리켜 수요의 탄력성이라고 부른다. 반대로 어떤 마을에 버스가 한 대밖에 없다고 가정해 보자. 버스 요금이 인상되어도 수요에는 큰 영향을 미치지 않는다. 이때 버스 여행은 가격에 비탄력적이라고 한다.

필수품이거나, 대체재가 거의 없는 재화는 비탄력적인 경향이 있다. 반대로 사치품이나 쉽게 대체할 수 있는 재화는 탄력적인 경향을 보인다. 또 수요는 단기적으로는 비탄력적이다. 하지만 시간이 흐르면 소비자들이 가격 변화에 적응하게 된다. 1970년대에 원유 생산국들은 돈벌이를 위해서 원유의 가격을 높게 유지하려고 노력했다. 하지만 오랜 시간이 흐르면서 소비자들은 연비가 좋은 자동차로 이동해서 원유 수요를 줄였다.

/ Elasticity of demand

기펜재

어떤 노트북 제품의 가격이 인상되었다. 가격이 인상되면 노트북 수요가 줄어들 것으로 추정할 수 있다. 하지만 경제학 이론에 따르면 가격이 인상되면 수요가 감소하는 것이 아니라 오히려 늘기도 한다. 가격 인상은 서로 모순된 두 가지 영향을 미친다. 가격이 높아지면 소비자들은 더 저렴한 다른 재화에 돈을 소비한다. 여기에다가 소비자의 실질소득이 하락하며 구매력이 줄어드는 효과도 있다. 노트북과 같은 일부 재화는 소득이 줄면 수요가 감소하는 경향이 있다. 열등재는 소득이 하락할수록 수요가 증가하는 재화를 뜻한다. '기펜재'는 소득의 영향이 특히 강해서, 가격이 상승하면 전반적인 수요가 증가하는 재화이다. 빈곤층은 소득의 상당 부분을 생필품 구매에 소비한다. 그래서 생필품 가격이 상승하면 실질소득이 크게 하락하는 것과 같게 된다. 이 경우 빈곤층은 고기나 설탕과 같은 생필품이 아닌 것의 소비를 줄이고, 생필품 소비를 더욱 늘릴 가능성이 있다. 일부에서는 19세기 아일랜드에서 기근이 발생했을 때 감자가 기펜재였다고 주장하기도 한다.

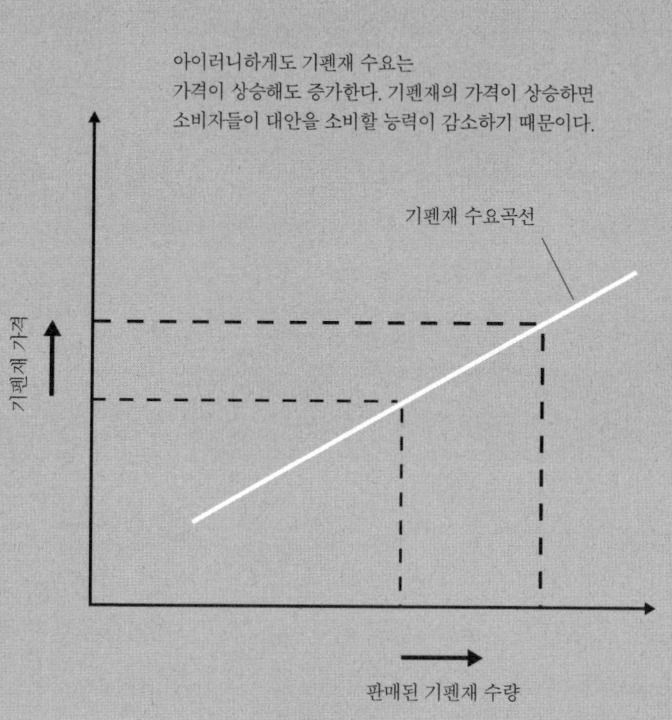
아이러니하게도 기펜재 수요는
가격이 상승해도 증가한다. 기펜재의 가격이 상승하면
소비자들이 대안을 소비할 능력이 감소하기 때문이다.
기펜재 수요곡선
기펜재 가격
판매된 기펜재 수량

일반균형

휘발유 가격이 상승하면 소비자의 휘발유 수요가 감소한다. 사람들은 전보다 자동차 사용을 줄이고, 자전거를 구매하기도 한다. 그 결과 자전거 역시 가격이 상승한다. 또 새로운 자전거 제조업자가 시장에 진출하면서 자원이 자전거 제조업으로 이전된다. 이처럼 서로 다른 시장들이 서로 연결되어 있고, 어떤 한 시장의 충격이 다른 시장에 물결을 일으킨다.

각 시장이 고립되어 있다고 생각되기 쉽다. 자동차의 가격이 자동차의 수요와 공급을 조율한다고 말한다면, 이는 경제학자들이 '부분균형partial equilibrium'이라고 부르는 것이다. 일반균형은 다양한 시장의 연계성을 고려한 경제 전반에 걸친 균형 가능성을 고려하는 이론이다. 어쩌면 규제가 전혀 없는 자유 시장에서 혼돈과 불안정으로 이어진다고 생각할지도 모르겠다. 대체 어떻게 모종의 규칙이 만들어질 것이라고 기대할 수 있을까? 일반균형 이론은 특정한 조건하에서 모든 시장을 평형 상태로 만드는 가격이 존재한다는 것을 보여 준다. 하지만 실질적으로 이런 조건을 유지할 수 있는지 여부는 다른 문제이다.

보이지 않는 손

18세기 스코틀랜드의 경제학자이자 철학자인 애덤 스미스는 자신의 저서에서 '우리가 저녁을 먹을 수 있는 것은 푸줏간, 양조장, 빵집 주인의 배려 때문이 아니다. 이들은 각자 자신의 이익을 좇을 뿐이다'라는 설명으로 유명세를 얻었다. 배가 고프면 푸줏간 주인에게 고기를 얻고 그 대가로 돈을 주며 그 돈은 푸줏간 주인의 생계가 된다.

'보이지 않는 손'은 애덤 스미스가 자유 시장에서 사람들의 욕구가 동시에 충족된다는 사실을 은유적으로 표현한 것이다. 정해진 장소에서 고기를 제공하라고 푸줏간에 명령을 내리거나, 배고픈 사람에게 저녁거리를 찾기 위해서 어딘가로 오라고 명령하고 조율하는 조직은 없다. 공급은 가격을 매개로 수요와 합일점을 찾는다. 덕분에 해당 가격에 무언가를 구매할 의사가 있는 사람이라면 누구나 원하는 물건을 얻을 수 있다. 경제학의 기본적인 신념은 사람들이 순수하게 자신의 이익을 추구하는 행동이 혼돈으로 이어지지 않고, 오히려 사회 전체에 이익이 된다는 것이다. 더 심도 깊은 경제사상에서는 보이지 않는 손이 작동하는 방식과 실패하는 조건을 연구한다.

/ The invisible hand

파레토 효율

경제학자들은 경제적인 결과를 설명하는 것 이상을 원한다. 그래서 경제적 결과가 얼마나 이상적인지를 측정하려고 한다. 파레토 효율은 경제학자들이 적용하는 표준으로, 처음 이 개념을 고안한 이탈리아 경제학자의 이름에서 따온 것이다.

톰은 감자 칩 두 봉지와 사탕 두 봉지를 가지고 있다. 그는 감자 칩을 좋아하지만 사탕은 그다지 좋아하지 않는다. 제인은 감자 칩 두 봉지를 가지고 있으며, 감자 칩과 사탕을 모두 좋아한다. 만약 톰이 제인에게 사탕을 준다면, 제인은 전보다 더 행복해 하겠지만 톰은 전보다 나빠질 것이 없다. 이것이 바로 파레토 개선Pareto improvement이다. 처음 재화가 배분되어 있던 상황은 '파레토 비효율Pareto inefficient'이다. 재화를 다시 배분하면 누군가에게 피해를 주지 않으면서 또 다른 누군가는 더 나은 상태가 될 수 있기 때문이다. 시장의 거래는 구매자와 판매자가 모두 이득을 얻을 때 발생한다. 경제학의 대부분은 자유 시장이 파레토 효율로 이어지는 조건을 알아내는 것과 관련된다.

/ Pareto efficiency

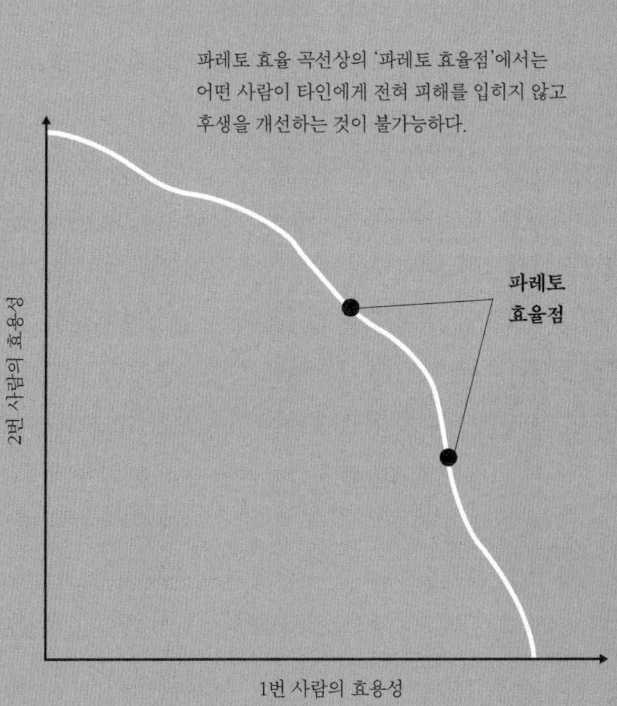

시장의 효율성과 후생경제 논리

애덤 스미스는 자유 시장 시스템에서 재화는 자연스럽게 이상적으로 배분하게 된다고 주장했다〔p.44〕. 중심에서 관리하는 조직이 전혀 없음에도 재화와 서비스가 제대로 생산되고, 결국에는 이를 최선의 용도로 사용할 수 있는 사람이 갖게 된다. 마치 모든 구매자와 판매자, 노동자와 고용자가 '보이지 않는 손'을 따르는 것과 같다. 20세기에 경제학자들은 이 아이디어를 수학적으로 좇았고, 자유 시장이 사회적 공익으로 이어지는 조건을 찾는 '후생경제 논리'를 끌어냈다.

사회 공익을 판단하는 기준은 파레토 효율이다〔p.46〕. 재화를 다시 배분한다고 해도 누군가에게 피해를 주지 않으면서 딱 한 명에게라도 더 혜택을 줄 수 있다면, 파레토 효율에 따라 배분된 것이다. 후생경제 이론은 특정 조건에서 자유 시장의 활동을 통한 재화의 배분으로 파레토 효율을 달성할 수 있다는 것이다. 문제는 이 조건이 너무나 엄격해서 현실에서 유지할 가능성이 없다는 사실이다.

/ Market efficiency and the welfare theorems

시장 실패

특정 조건 속에서 시장은 재화를 효율적으로 배분할 수 있다. 이 조건이 맞지 않을 때 시장 실패가 발생한다. 효율성을 위한 한 가지 조건은 경쟁이다. 구매자 혹은 판매자 한 사람이 제품 가격에 영향을 미쳐서는 안 된다. 시장 실패는 경쟁이 부족해서 발생한다. 누군가 빵 시장을 독점한다면, 가격을 높이고 공급은 줄여서 비효율성을 초래할 수도 있다. 효율성을 위한 또 다른 조건은 시장의 결과가 '시장 참여자'들에게만 영향을 미쳐야 한다는 것이다. 당신이 바나나를 샀다고 해도 내게 영향이 미치지는 않는다. 하지만 당신이 드럼을 구매하는 바람에 이웃에 사는 내가 귀마개를 사게 되었다면 어떨까? 당신의 행동이 의도치 않은 결과로 이어졌으며, 드럼을 구매하기 위해 지불한 가격에 이 결과는 고려되지 않은 것이다. 경제학자들은 이런 시장 실패를 외부 효과externality이라고 부른다.

시장 실패는 정부 개입을 정당화하기 위해 사용된다. 소위 말하는 '반독점' 정책이나 외부 효과를 상쇄하기 위한 특정 과세 정책이 그것이다.

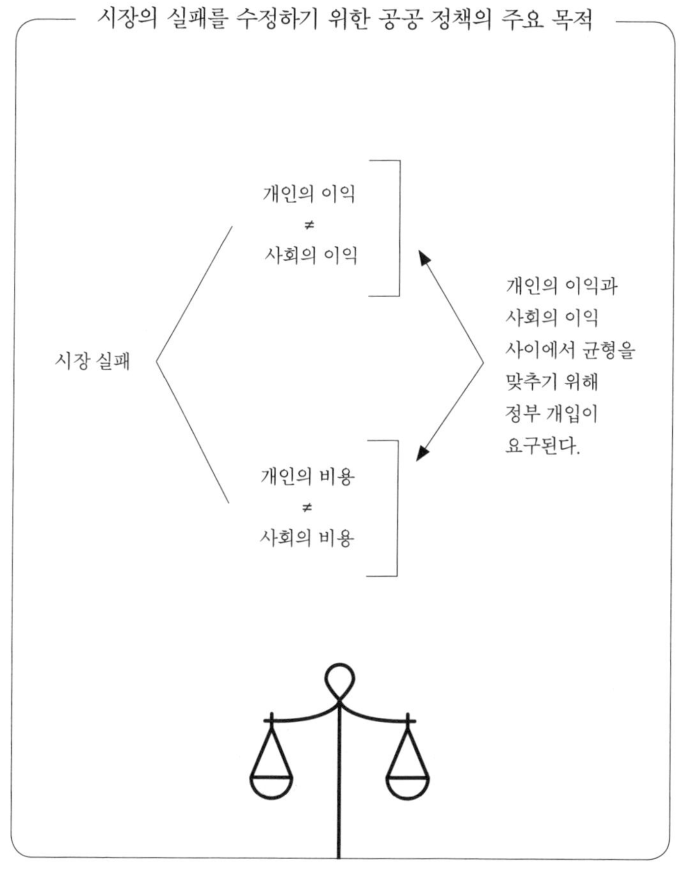
시장의 실패를 수정하기 위한 공공 정책의 주요 목적
개인의 이익
≠
사회의 이익
시장 실패
개인의 비용
≠
사회의 비용
개인의 이익과
사회의 이익
사이에서 균형을
맞추기 위해
정부 개입이
요구된다.

외부 효과

강 상류에 자동차를 만드는 공장이, 강 하류에는 양식장이 위치하고 있다고 가정해 보자. 자동차 생산 과정에서 부산물로 발생한 화학물질이 강에 흘러들었고, 양식장으로 유입되어 물고기가 폐사하게 되었다. 양식장에 화학물질이 미친 영향이 바로 외부 효과다. 공장은 양식장의 비용을 초래했지만, 이 비용은 시장에서 고려되지 않았다. 자동차 공장에서 차를 몇 대 생산할지 결정할 때는 재료비와 차의 가격을 고려한다. 물고기 생산량이 얼마나 줄어드는지는 개의치 않는다. 따라서 시장은 자동차 공장으로 인한 이득(편익)과 손실(비용)을 계산할 때 사회 전체의 득실을 계산하지 못한다. 즉 공장의 '부정적 외부 효과'는 자동차를 너무 많이 생산하는 결과를 낳는다. 일반적으로 시장에서 '긍정적 외부 효과'는 충분히 고려하지 않는 경향이 있다. 꿀벌은 농작물을 수분하지만, 양봉장은 벌꿀 가격만 생각할 뿐, 벌이 이웃 농장에 주는 편익은 생각하지 않는다. 벌이 잠재적으로 전체에 도움이 될 가능성이 있지만, 양봉장은 턱없이 부족한 벌집을 소유한다.

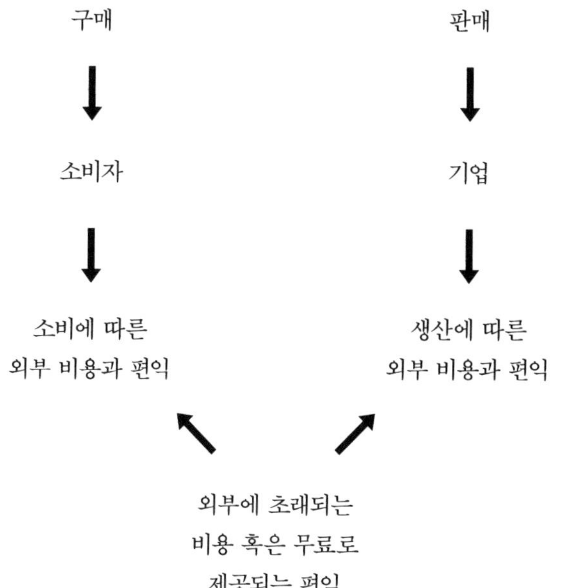
구매
판매
소비자
기업
소비에 따른
외부 비용과 편익
생산에 따른
외부 비용과 편익
외부에 초래되는
비용 혹은 무료로
제공되는 편익

공유지의 비극

양모를 팔아서 생활하는 전통 마을을 떠올려 보자. 마을 주민들은 공동 소유의 목초지에 양이 풀을 뜯어 먹도록 하고 있다. 마을이 점차 번창하고, 목초지에서 풀을 뜯어 먹는 양의 숫자가 늘어났다. 어느덧 양의 수가 너무 많아져서 풀이 채 자라기도 전에 다 먹어 치우는 사태가 발생했다. 결국 목초지는 황폐해졌고, 더 이상 양을 기를 수 없게 되었다. 마을의 생계가 끊긴 것이다.

'공유지의 비극'은 양 주인들이 자신의 양에게 풀을 먹이면 다른 양에게 돌아갈 풀이 적어진다는 사실을 간과하기 때문에 벌어지는 현상이다. 여기에서 풀은 공동의 자원이다. 누구도 사용에서 배제되지 않았지만, 누군가 사용하면 다른 사람의 몫이 줄어든다. 마을 사람들의 행동은 서로 결합되어 자멸로 이어진다. 만약 세금이나 배당 시스템과 같은 방식으로 양의 수를 제한하는 데 동의했다면, 생계를 보호할 수 있었을 것이다. 정부가 물, 도로, 어류 등의 공동 자원을 보호하려고 노력하는 이유도 바로 이 때문이다.

/ The tragedy of the commons

코즈의 정리

'존'이라는 사람이 새로 트롬본을 배우기 시작했는데, 그 이웃에 사는 '잭'은 트롬본 소음 때문에 미칠 지경이다. 트롬본이 존에게는 즐거움을 주지만 잭에게는 비용을 초래하는 것이다. 이 비용은 시장에는 반영되지 않기 때문에 존은 자기 취미가 사회에 초래하는 비용 전체를 알지 못한다. 경제학자들은 존이 부정적인 외부 효과를 만들어 낸다고 설명한다. 1960년, 경제학자 로널드 코즈는 시장이 이를 해결할 수 있다는 이론을 제안했다.

연주로 얻는 즐거움의 가치가 1천 파운드이고, 짜증의 가치가 2천 파운드라고 가정해 보자. 만약 잭이 존에게 연주를 중단하는 대가로 1천 500파운드를 준다면, 두 사람은 모두 만족할 수 있다. 이 논리는 존이 최초에 트롬본을 연주할 권리가 있다고 가정한다. 잭이 고요함을 즐길 권리가 있다면, 존이 잭에게 연주를 허락받기 위해 돈을 주는 반대 경우도 가능하다. 코즈의 정리는 어느 쪽이든 해결책을 얻는 방법을 흥정하라고 제안한다. 현실에서는 가능성이 거의 없는데, 협상에 많은 비용을 요구하는 경우가 많기 때문이다.

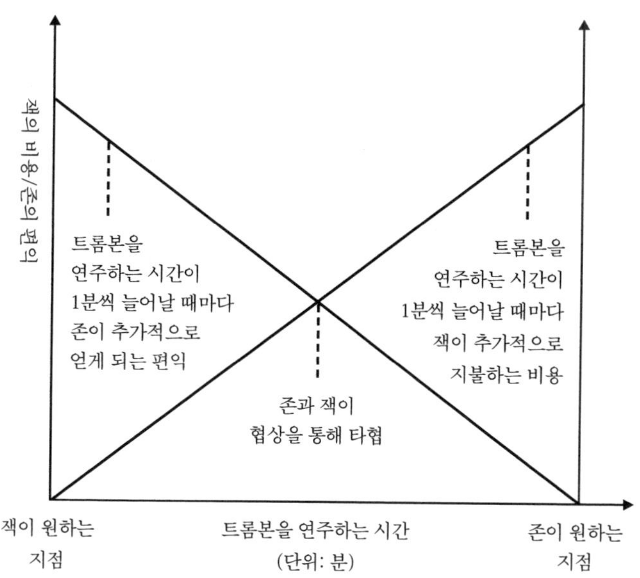
잭의 비용/존의 편익
트롬본을
연주하는 시간이
1분씩 늘어날 때마다
존이 추가적으로
얻게 되는 편익
트롬본을
연주하는 시간이
1분씩 늘어날 때마다
잭이 추가적으로
지불하는 비용
존과 잭이
협상을 통해 타협
잭이 원하는
지점
트롬본을 연주하는 시간
(단위: 분)
존이 원하는
지점

공공재와 무임승차

어떤 거리에 살고 있는 거주민 10명이 가로등 설치에 각 100달러씩의 가치를 책정한다면, 이들이 얻는 편익의 총합은 1천 달러가 된다. 만약 가로등 설치에 드는 비용이 1천 달러보다 적다면, 10명에게 비용을 갹출해 가로등을 설치하는 편이 이득이다.

하지만 가로등은 공공재라고 부르는 특별한 종류의 재화이다. 어느 누구도 사용에서 배제되지 않지만, 누군가 사용한다고 또 다른 타인이 가로등을 사용하지 못하는 것은 아니다. 이런 상황에서 과연 거리에 살고 있는 주민들이 가로등을 설치하면 100달러의 가치를 얻게 된다고 인정할까? 가로등의 편익은 누구에게나 돌아간다는 것을 알고 관심이 없는 척하는 것이 더 합리적이지 않을까? 주민들이 하나같이 이처럼 무임승차를 한다면, 비용을 대는 사람은 없을 것이고 가로등을 설치하지도 못하게 될 것이다. 무임승차를 하면 시장은 공공재를 제공하지 못하게 된다. 정부의 주요 역할 중 하나는 국방과 같은 사회 후생을 위해 제공되는 공공재에 투자하는 것이다.

/ Public goods and free riding

차선

경제학자들은 훌륭하게 기능을 수행하는 자유 시장의 장점을 옹호한다. 따라서 시장이 실패했을 때 당장 해야 할 일은 문제를 바로잡기 위해 개입하는 것이다. 차선의 이론은 이보다 약간 더 복잡한 상황을 보여 준다.

예를 들어 어떤 기업 하나가 철강 시장을 독점할 것 같아서 우려하고 있다고 가정해 보자. 독점은 가격을 높이고, 결과물이 사회적으로 이상적인 수준에 미치지 못하게 만들기 쉽다. 그래서 반독점 기관이 개입해서 이 기업을 더 작은 경쟁 기업으로 분해하고, 그 결과 제품을 개선하고 가격을 낮추어야 한다고 제안할 수 있다. 여기에 또 다른 시장 실패가 존재한다면 어떻게 될까? 철강 기업은 주변 농작물에 해가 되는 가스를 발생시키며, 이 사실을 고려하지 않고 있다. 만약 이 사실을 안다면, 생산량을 줄였을 것이다. 이처럼 하나의 시장 실패(독점으로 인한 생산량 감소)가 과잉생산에 따른 오염이 초래하는 비용을 상쇄한다. 첫 번째 시장 실패(독점)를 수정하면, 주변 농작물에 대한 피해가 커져서 상황이 더 악화될 가능성이 있다.

/ The second best

애로우의 불가능성 정리

어떤 사회든지 자원을 추가로 어디에 소비할지에 관한 문제에서 사람들의 의견이 갈린다. 어떤 사람들은 학교에 추가 자원을 투입하기를 바라고, 또 다른 이들은 도로에 투입하기를 바란다. 사회가 함께 결정을 내릴 때, 상충하는 요구가 모두 해결되어야 한다. 애로우의 불가능성 정리는 공정함을 위한 합리적인 기준을 동시에 모두 만족시키는 결정을 내리는 절차는 논리적으로 존재하지 않는다는 것을 보여 준다.

여러 조건 중 하나는 '독재자'가 없어야 한다는 것이다. 한 사람이 사회의 결정을 좌우해서는 안 된다. 두 번째 조건은 모든 개인이 도로보다 학교에 추가 자원을 투입하길 원한다면 전체로서 사회는 도로보다 학교를 선호해야 한다는 것이다. 이 정리는 공정함을 위한 이 두 가지 및 여타 조건을 모두 만족시킬 수는 없다는 것을 보여 준다.

두 번째 조건에 걸맞은 투표 시스템을 생각해 보자. 그 결과 생기는 건 독재다. 결국 하나의 표가 결과를 결정하기 때문이다. 아무리 투명한 투표 시스템도 비일관성과 역설에 방해를 받을 수 있다는 점에서 애로우의 정리는 강력하면서 충격적이다.

여러분의 한 표가 소중합니다

위험과 불확실성

경제 생활은 각종 위험으로 가득하다. 무역상의 투자 전략으로 가치를 잃을 수도 있고, 가치가 치솟을 수도 있다. 노동자는 해고를 당할 수도 있고, 임금이 인상될 수도 있다. 경제학에서 말하는 위험은 룰렛 원반에 표시된 다양한 결과처럼 측정할 수 있는 가능성 안에서 일어나는 알려진 사건들의 집합이다.

경제 분석의 상당수가 기업과 개인은 다양한 행동에서 예측 가능한 수익을 계산하고, 그 중에서 수익이 가장 높은 것을 선택한다는 아이디어를 활용한다. 예를 들어서, 어떤 기업이 다음 해에 시장 수요가 상당히 늘어날 것이라고 거의 확신한다면, 신상품 출시를 결정할 것이다. 불확실성은 미래의 사건과 관련해 가능성이 알려져 있지 않고, 따라서 수익을 예측해서 측정할 수 없는 상황을 말한다. 앞으로 10년 후, 어떤 새로운 기술이 개발될 것인지 알 수 없는 것을 예로 들 수 있다. 이는 현실적으로 미래에 대한 경제적 의사 결정의 상당수가 계산보다는 직감에 의존한다는 뜻이다.

/ Risk and uncertainty

위험 회피

동전을 던져서 앞면이 나오면 1천 파운드를 받고, 뒷면이 나오면 아무 것도 받지 못한다고 가정해 보자. 동전의 앞면과 뒷면이 나올 확률은 모두 반반이기 때문에, 동전 던지기의 예측된 가치는 500파운드라도 말할 수 있다. 그렇다면, 동전 던지기와 당장 490파운드를 받는 것 중 하나를 선택할 수 있다면 어떻게 하겠는가?

경제학에서는 당장 490파운드를 받는 행동을 위험 회피라고 부른다. 다시 말하면 동전을 던지는 도박을 감행한 결과 아무것도 얻지 못할 위험을 회피하기 위해서 더 낮은 대가를 기꺼이 수용하겠다는 것이다. 그 이유는 손실의 고통이 얻는 기쁨보다 크기 때문이다. 동전 앞면이 나오면 100파운드를 주지만 동전 뒷면이 나오면 100파운드를 빼앗긴다고 하면, 당신은 아마도 아예 동전 던지기 자체를 거부할 것이다. 위험 회피는 보험이 존재하는 이유를 설명해 준다. 위험을 회피하려는 보험 가입자는 더 큰 손실에 직면할 가능성을 피하기 위해서 매년 보험 납입금을 지불한다.

/ Risk aversion

보험

소피는 가계보험을 들었지만 아직 집에 도둑이 든 적은 없다. 왜 소피는 계속해서 보험금을 내는 것일까? 기본적으로는 위험을 회피하기 위해서다. 보험금을 납입했는데 집에 도둑이 들지 않으면, 괜히 돈만 낭비한 셈이다. 하지만 도둑이 들면, 보험회사가 손실을 보상한다. 보험회사는 도둑을 맞지 않은 가입자의 돈을 도둑을 맞은 가입자에게 이전한다. 보험에 가입하지 않은 사람은 돈을 도둑맞지 않으면 재산을 더 많이 보유할 수 있지만, 도둑을 맞으면 재산이 줄어든다. 예측되는 결과(도둑을 맞을 가능성에 따른 재산상의 손실)는 보험에 들었건, 들지 않았건 동일하다. 하지만 소피는 보험 없이 위험을 감수하기를 꺼린다. 한편 보험회사는 다수의 사람들에게 보험을 제공함으로서 소피에게도 보험 서비스를 제공할 수 있다. 소피가 절도 피해를 입을지는 예측하기 어렵지만, 1천 명 중 몇 명이 도둑을 맞을지에 대해서는 합리적인 추정이 가능하다. 따라서 보험회사는 가입자들이 내는 보험 납입금의 총액으로 전체 절도 피해액을 지불할 수 있다고 보장한다.

/ Insurance

주인-대리인 문제

시장은 소수가 다른 사람보다 더 많은 정보를 가지고 있을 때 제대로 기능을 하지 못한다. 예를 들어서 건축 회사의 소유주가 수익을 극대화하려고 하는 경우, 이 목표를 실현할 수 있을지 여부는 회사 노동자들의 노력에 달려 있다. 주인-대리인 문제라고 불리는 현상이다. 소유주(주인)에게 중요한 결과가 노동자(대리인)의 행동에 의해 좌우된다는 뜻이다. 하지만 대리인은 자신의 행동에 대해 주인보다 더 많은 정보를 가지고 있다. 건축 회사의 소유주는 건축 현장 여기저기에 퍼져 있는 벽돌공와 목수를 모두 관리할 수 없다.

경제학 이론 대부분은 어떤 행동이 대리인에게 비용을 초래할 때, 주인이 원하는 방향으로 대리인들의 행동을 이끌기 위해서 어떤 인센티브를 제공하느냐는 문제를 고심한다. 주인-대리인 문제의 다른 예로 병원 치료를 들 수 있다. 주인(환자)은 의사가 정말 건강에 도움이 되는 치료를 권하는지, 아니면 단순히 돈벌이가 되는 치료를 권하는지를 걱정한다.

/ The principal-agent problem

주인의 감시는 완벽하지 않다

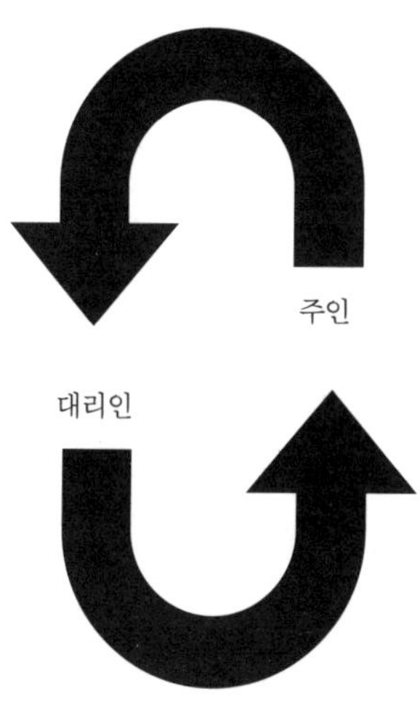

대리인은 주인보다 더 많은 정보를 가지고 있다

도덕적 해이

데이브는 휴대전화 보험에 가입했다. 휴대전화에 문제가 생기면 보험회사가 처리해 주기 때문에, 데이브는 부주의하게 휴대전화를 다루고 파손에 대한 비용을 청구한다. 보험회사가 손실을 책임지는 조건하에서 데이브가 사건(휴대전화 파손)에 영향을 미친 이 상황이 바로 도덕적 해이의 사례다. 문제는 보험회사가 고객 모두를 감시할 수 없기 때문에 예측보다 더 많은 비용을 지급할 수 있다는 것이다. 만약 제대로 감시할 수 있다면 데이브 같은 부주의한 고객들에게는 보험금을 더 많이 요구할 수 있을 것이다. 감시가 불가능하기에 보험회사는 결국 모든 고객에게 납입금을 높여서 요구한다. 간혹 특정 보험 상품의 판매를 아예 중단하기도 한다. 보험회사의 정보가 부족하기 때문에 발생하는 시장의 거품이다.

경제학자들 상당수가 2007년에 시작된 금융 위기가 도덕적 해이 때문이라고 주장한다. 은행들이 정부의 구제금융을 믿고 '대기업은 망하지 않는다'는 생각으로 너무 위험한 투자를 감행했기 때문이라는 설명이다.

/ Moral hazard

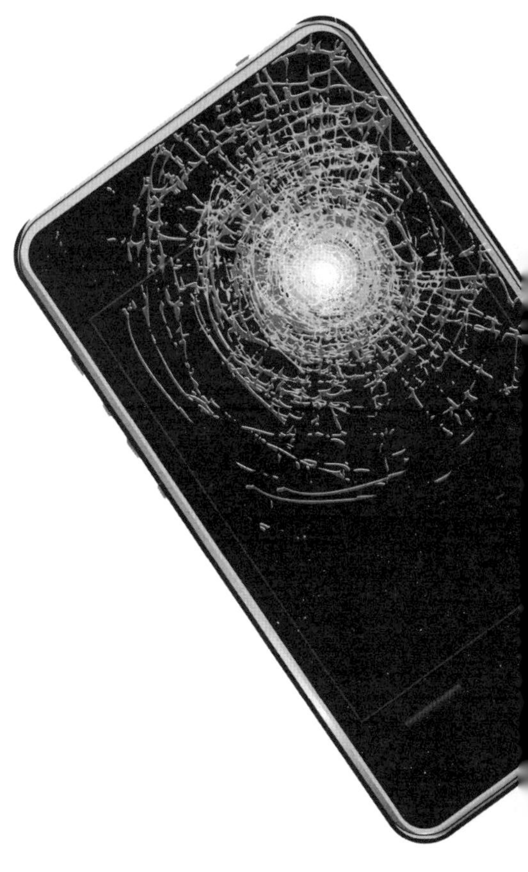

역선택

싼 가격에 향수를 파는 노점상이 있다. 가격 때문에 노점상 향수는 가짜일지도 모른다는 의심을 사게 된다. 다른 판매자와 달리 구매자에게 향수의 품질에 대한 정보를 제대로 전달하지 못한 탓에 벌어지는 문제이다. 이런 역선택의 상황 때문에 시장에서는 형편없는 제품이 좋은 제품을 밀어낸다.

또 다른 예를 들어보자. 중고차 구매자는 차의 상태에 대해서 잘 모른다. 형편없는 차를 가진 사람이 괜찮은 차를 가진 사람보다 판매를 통해 얻는 인센티브가 더 크다. 그래서 구매자는 중고차 시장에서 판매되는 차의 품질을 평균적으로 낮게 추정한다. 또 괜찮은 중고차가 적절한 가격을 받지 못하기 때문에, 결국 형편없는 차만 남게 된다. 역선택은 의료보험 시장에서도 발생하는데, 보험회사가 가입자의 건강 상태를 잘 모르기 때문이다. 보험에 관심이 많은 사람들은 보험회사가 꺼리는, 몸이 건강하지 않은 사람일 가능성이 높다.

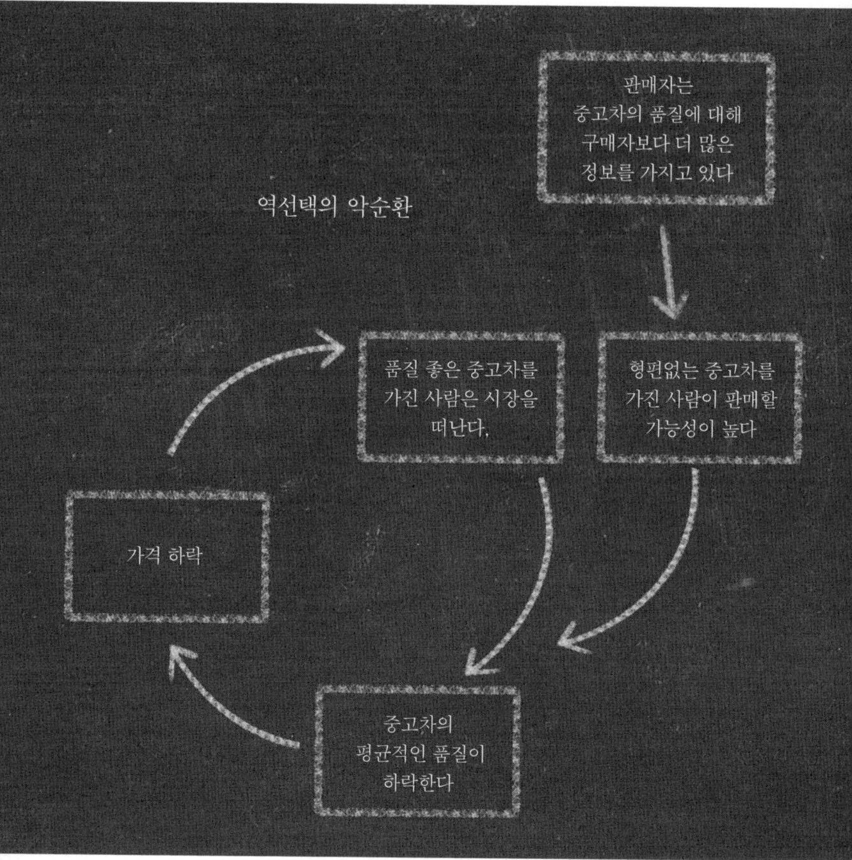
역선택의 악순환
판매자는
중고차의 품질에 대해
구매자보다 더 많은
정보를 가지고 있다
형편없는 중고차를
가진 사람이 판매할
가능성이 높다
품질 좋은 중고차를
가진 사람은 시장을
떠난다.
중고차의
평균적인 품질이
하락한다
가격 하락

신호와 심사

시장은 소수의 사람들이 정보를 더 많이 가지고 있을 때 제대로 기능하지 못한다. 하지만 한 경제 이론에 따르면 정보를 가진 시장 참여자들이 문제 해결에 필요한 정보를 알려 주는 신호를 보낼 때가 있다고 한다. 예를 들어서 기업은 생산성이 높은 노동자를 채용하려고 하지만, 이 특성을 파악하기는 쉽지 않다. 노동자들은 자신의 능력을 알고, 자격을 취득해서 자신이 가진 능력에 대한 신호를 보낸다. 어떤 회계 법인이 인턴 사원을 모집하려고 한다. 그런데 대학교 졸업장이 없는 지원자를 놔두고, 역사를 전공한 지원자를 채용했다. 역사와 회계는 관계가 없고, 회사는 이 인턴을 아무 것도 모르는 상태에서 가르쳐야 한다. 졸업장이 근면함과 능력이라는 가치를 나타내는 신호로 작용한 것이다. 만약 회계 능력을 직접적으로 확인할 수 있다면, 졸업장은 아무런 의미가 없다. 정보가 부족한 당사자는 '심사'라는 행동을 통해서 상대방이 정보를 노출하게 만들 수도 있다. 보험회사와 대출 업체는 잠재적인 고객의 위험 정도를 파악할 수 있는 질문을 한다.

/ Signalling and screening

경매와 승자의 저주

제인은 경매로 골동품 시계를 낙찰 받았고, 50파운드를 지불해야 한다. 제인이 시계를 따낸 것은 다른 사람보다 높은 가격에 입찰을 했기 때문이다. 어떤 의미에서 보면 시계를 너무 비싸게 주고 샀다는 뜻이다. 이런 현상을 '승자의 저주'라고 부른다. 만약 두 번째로 높은 가격을 써서 낸 입찰자가 49파운드를 적었다면, 제인은 49.01파운드만 지불해도 시계를 살 수 있었을 것이다. 불필요하게 99펜스나 비싼 값을 치른 것이다.

경매 전략에 대한 분석은 경제학에서 중요한 부분을 차지한다. 첫 번째 중요한 문제는 최고 입찰을 위한 전략이다. 괜히 비싼 가격을 지불할 가능성을 줄이기 위해 입찰가를 약간 낮추어야 했을까? 그랬다가 경매에 실패하지는 않았을까? 또 다른 중요한 문제는 수익 극대화를 위해 판매자가 경매를 어떻게 고안해야 하느냐의 문제이다. 1990년대에 정부가 무선통신 업자들을 상대로 라디오 주파수 경매를 실시했을 때, 이 문제가 주목을 받았다. 당시 정부의 수익을 극대화하기 위해서 경매 이론이 적용되었다.

/ Auctions and the winner's curse

탐색과 매칭

표준적인 시장 모델에서 가격은 수요와 공급의 합일점이다. 노동시장에서 통상적인 임금으로 일을 하려는 사람의 수는 노동자를 채용하려는 사람의 수와 동일해야 한다. 하지만 현실에서 노동자는 현재 시장에 제공되는 모든 일자리와 임금을 알지 못한다. 고용 기회에 대한 정보를 얻으려면 시간과 노력을 들여야 한다. 원하는 임금에 자신의 기호에 맞는 훌륭한 일자리를 찾기란 쉽지 않다. 이 과정에서 많은 비용이 소요되기 때문에, 어디엔가 있을지 모르는 돈벌이가 더 좋은 일자리를 포기하고 '충분히 괜찮은' 일자리와 임금을 찾는 정도로 시간과 노력을 제한한다. 같은 일에 동일한 임금이 아니라 다양한 임금을 지급하기 때문에 벌어지는 일이다. 또 '마찰적실업frictional unemployment'이라는 현상도 같은 이유 때문에 발생한다. 마찰적실업은 경제 호황에도 실업이 발생하는 이유가 노동자들이 새로운 일자리를 찾는 데 시간이 걸리기 때문이라고 설명한다.

/ Searching and matching

게임이론과 죄수의 딜레마

전략적 의사 결정을 연구하는 경제학 분야는 게임이론이다. 게임이론의 가장 대표적인 예로 죄수의 딜레마가 있다. 도둑 두 명이 경찰에게 잡혀 따로 심문을 받고 있다. 이들은 서로에게 불리한 증거를 내놓으라고 추궁을 당한다. 도둑은 모두 침묵하면 가벼운 형량을 받는다는 것을 알고 있다. 하지만 둘 중 한 명만 배신하고 다른 한 명이 침묵한다면, 배신자는 석방되고 의리를 지킨 도둑은 20년 형을 선고받는다. 두 사람 모두 배신하면, 각각 10년 형을 받게 된다. 최악의 결과는 대질심문에서 둘이 서로를 배신해서 각각 10년 형을 선고받는 것이다. 이성적 행동으로 상대를 배신하면, 둘 다 침묵했을 때 얻게 되는 최선의 결과를 놓치게 된다. 죄수의 딜레마를 잘 보여 주는 예는 카르텔(담합)이다. 담합이란 기업들이 가격을 비싸게 유지하려고 생산량 제한에 합의하는 행위이다. 가격이 비싸면 기업 입장에서는 생산량을 늘려 추가 수익을 올리는 것이 합리적이다. 하지만 모든 기업이 똑같이 행동하면 생산량은 급증하고 가격은 폭락해서, 담합의 원래 목적을 해치게 된다.

/ Game theory and the prisoner's dilemma

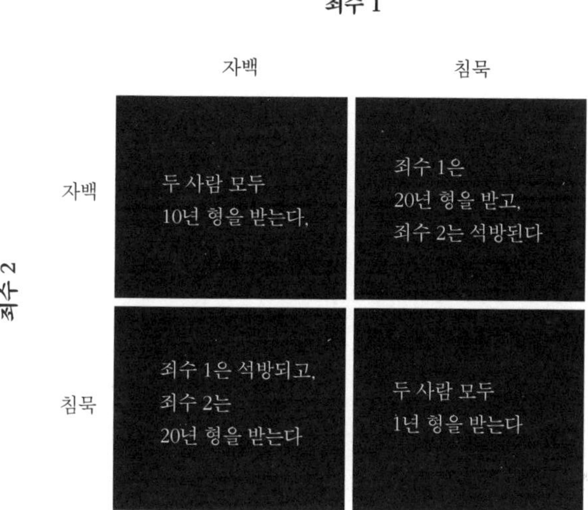

신뢰할 수 있는 위협

일반 시장이라면, 여러 기업이 경쟁을 하고 각 기업의 생산량이 가격에 영향을 미친다. 따라서 기업들은 의사 결정시 경쟁 기업의 반응을 고려한다. 기업들은 경쟁사를 위협해서 영향을 미칠 수 있고, 이때 위협은 신빙성이 있어야 한다.

'옛날 시멘트'라는 기업이 시멘트 시장을 독점하고 있으며, 일부러 생산량을 줄여서 가격을 높게 유지해 왔다고 가정해 보자. 그런데 '새 시멘트'라는 기업이 시장에 진출하려고 한다. '옛날 시멘트'는 새로운 회사가 출현하면 가격이 하락한다는 것을 알고 있다. 그래서 '새 시멘트'의 출현과 함께 생산량을 늘려서 두 회사 모두 순익에 타격을 받을 것이라고 위협한다. 사실 그 위협을 실행에 옮기는 것은 합리적이지 않다. 즉 신뢰할 수 없는 위협이다. 위협은 실행에 옮길 의지를 보여 줄 때만 신뢰할 수 있다. '옛날 시멘트'가 생산량을 늘리기 위해 새로운 공장에 투자를 하기 시작했다면 신뢰할 수 있다. '새 시멘트'가 시장에 진입하면 생산량을 크게 늘려서 수익을 남기기 위해서다.

수익 창출 기회는 '새 시멘트'의 시장 진입을 격려하고,
'옛날 시멘트'는 보복하지 않도록 설득할 때 발생한다.

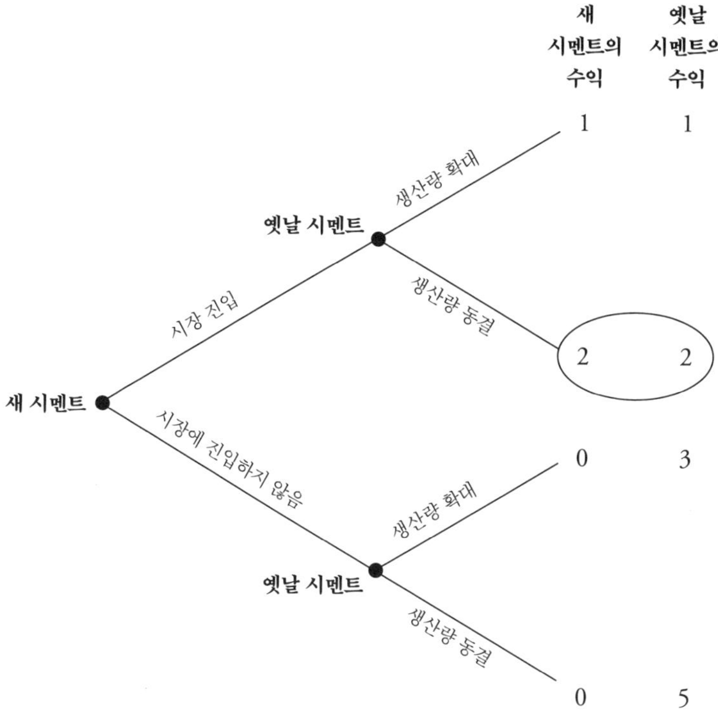

행동 경제학

경제학자들은 소비자와 기업이 비용 대비 편익을 극대화하려는 합리적인 존재라고 생각한다. 하지만 사람들의 선택을 관찰한 결과 실제는 이와 다르다는 것을 알 수 있었다. 행동 경제학이라는 새로운 분야는 바로 이런 예외적인 부분을 연구한다.

예를 들어서, 표준 경제학에서는 사람들이 위험에 대해 일관적으로 행동한다고 추정한다. 더 높은 수익이 예상되더라도 대부분 위험을 회피하기 때문에 더 위험한 결과보다는 어느 정도 안전한 결과를 선호하는 경향이 있다는 것이다. 행동 경제학은 사람들이 잠재적인 득실을 눈앞에 두었을 때 다르게 행동한다는 것을 보여 준다. 이득 앞에서는 위험을 회피하지만, 손실을 마주했을 때는 잠재적 손실을 피하기 위해서 위험을 감수한다는 것이다. 이로 인한 영향 중 하나가 소유 효과Endowment effect이다. 일례로, 사람들은 자신이 소유한 자동차를 쇼룸에 전시되고 있는 자동차보다 더 가치 있게 평가한다. 합리적인 경제 주체는 소유 여부와 상관없이 대상인 차만 단독으로 평가한다.

/ Behavior economics

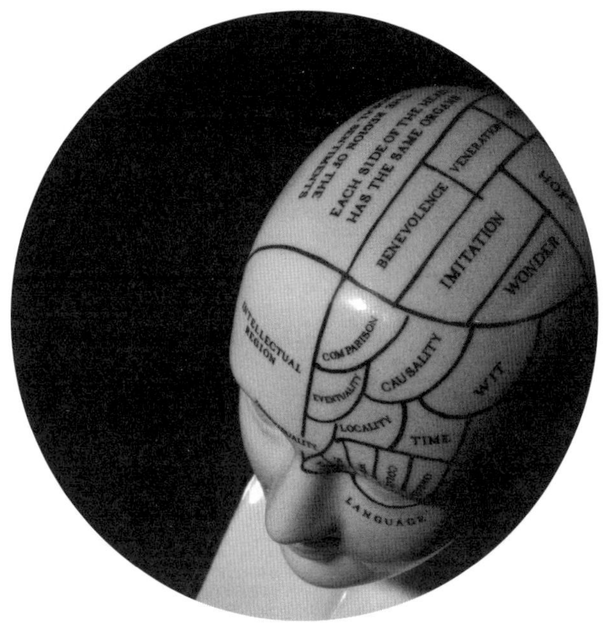

알레의 역설

알레의 역설은 프랑스 경제학자 모리스 알레의 이름을 따 경제 행위자들이 기본적인 '합리성'을 거스르는 역설에 붙인 이름이다. 샐리는 마스와 트윅스 초콜릿 바 중에서 하나를 선택하라는 이야기를 듣고 마스를 선택했다. 그 다음에는 마스와 트윅스, 스니커즈 중 하나를 선택하라는 주문을 받았다. 샐리가 경제적으로 합리적인 사람이라면 마스와 새롭게 옵션으로 주어진 스니커즈 중에서 무엇을 고를지 고민해야 한다. 스니커즈를 추가했다고 트윅스보다 마스를 더 좋아하는 기호가 바뀌어서는 안 된다.

경제학자들은 인간의 합리성과 관련된 이 기준을 '자립성'이라고 부른다. 알레는 불확실한 여러 결과 사이에서 선택을 해야 하는 더 복잡한 상황에서 자립성이 자주 침해된다고 말한다. 사람들은 차이를 전혀 만들어 내지 않는 대안이 포함되었을 때 다소 영향을 받는다. 알레의 통찰력은 경제학자들이 경제적 행동의 심리적인 부분을 더 자세히 연구하도록 촉구했다.

돈의 역할

사람들의 재산은 집, 그림, 주식 포트폴리오, 두툼한 은행 계좌, 자루에 담긴 현금으로 구성된다. 하지만 이들 자산 중 다른 재화와 서비스로 교환할 수 있는 재산은 일부에 불과하다. 돈이 그림이나 집과 다른 점이 무엇일까? 돈은 일단 교환의 매개체이다. 돈이 없는 사회는 '욕망의 이중적 일치double coincidence of wants'라는 문제에 직면한다. 누군가 빵을 원하는데 교환이 가능한 것이 고기밖에 없다면, 빵을 가지고 있고 고기를 원하는 상대방을 찾아야 한다는 뜻이다. 돈은 이 문제를 해결해 준다.

돈은 계산을 위한 단위이기도 하다. 임금, 대출 상환, 밀이나 컴퓨터의 가격 등 모두가 같은 비교 가능한 단위로 측정된다. 빵 가게 주인이 빵을 팔아서 1파운드를 벌면, 이 돈을 이후 신문을 구매하는 데 사용할 수 있다. 따라서 돈은 가치의 저장소이며, 근대 이후 경제가 부상하는 데 핵심이 되었다.

/ The role of money

명목화폐와 실물화폐

소위 말하는 실물화폐는 금전적 가치 외에 본질적인 가치를 갖는다. 화폐 초기에 사용되었던 금화가 여기에 속한다. 실물화폐는 값비싼 원자재(상품)와 묶어서 발행되기 때문에 가치를 갖는다. 또한 가치 하락에 취약하다. 그래서 화폐 안에 비싼 원자재의 구성을 줄이는 것이 유리하다. 유통되는 실물화폐의 양은 상품의 사용 가능성 정도에 따라 달라진다. 예를 들어서 새로운 금속 매장지를 찾으면, 경제는 범람한다.

명목화폐는 이 문제를 피하기 위해서 만들어진 좀 더 정교한 종류의 화폐다. 100달러 지폐와 전자 계좌는 상품과 전혀 관계가 없다. 그저 사회가 약속한 가치를 갖는 돈에 불과하다. 적절한 책임을 지는 정부가 제대로 관리하면, 명목화폐는 금융정책, 즉 경제를 관리하기 위해 금리 및 통화 공급을 통제하는 것도 가능하게 만들어 준다〔p.248〕. 하지만 방탕한 정부가 돈을 과도하게 찍어 내면 하이퍼인플레이션을 유발할 수도 있다〔p.220〕.

현대 경제에서 화폐는 내재적인 가치를 전혀 갖지 못하는 지폐이다.
과거에는 비싼 금속으로 만들었다.

통화량

통화량은 어떤 경제가 가지고 있는 통화 자산의 전체 수준을 뜻한다. 다양한 종류의 자산이 돈처럼 행동한다. 따라서 통화량은 경제학자 혹은 통계 체계의 정의에 따라서 다양한 요소로 구성된다.

통화량과 관련해서 흔히 '협의 통화narrow money'와 '광의 통화broad money'를 언급한다. 협의 통화는 지폐와 동전 등 주로 실물의 형태로 이루어진다. 하지만 선진국에서는 은행 계좌가 통화량의 중요 부분을 차지하며, 넓은 의미의 통화에는 당좌 및 보통 계좌에 들어 있는 은행예금이 포함된다. 금융 체계가 복잡해질수록 선택할 수 있는 돈과 유사한 자산이 늘어난다. 통화량에 대한 당국의 정확한 통제가 어렵다는 뜻이다. 협의에서 광의까지 다양한 통화를 M0, M1, M2, M3, M4로 구분할 수 있는데, 다시 한 번 말하지만 다양한 기구들이 통화를 다양한 방법으로 구분한다.

뉴질랜드의 통화량, 1988~2008년

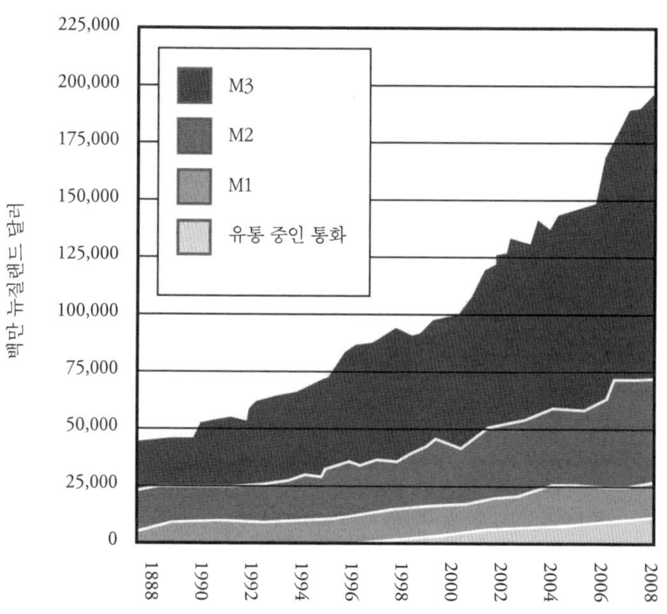

통화 창출

은행은 예금의 일부만 현금으로 보유하고 있으며, 이런 '지급 준비' 시스템을 통화 창출을 위해 활용한다. 은행이 1천 달러의 예금을 가지고 있고, 통화량에 1천 달러를 보탠다고 생각해 보자. 은행이 현금으로 보유하고 있는 돈은 이 중 10분의 1인 100달러에 불과하고, 나머지 900달러는 누군가에게 대출해 준다. 저축한 사람들은 여전히 총 1천 달러의 예금을 가지고 있지만, 대출을 받는 사람들도 900달러를 얻어서 원래의 1천 달러에 900달러의 통화량을 추가하게 된다.
실제 경제가 더 부유해진 것은 아니지만 거래되는 돈의 양은 늘어난다. 돈을 빌린 사람들이 900달러를 소비하고, 이 돈이 다른 은행으로 흘러들어 가면, 은행은 또 일부만 준비금으로 보유하고 나머지 돈을 누군가에게 빌려준다.

지급준비율인 10분의 1은 결국 원래의 1천 달러를 가지고 1만 달러의 통화량을 만들어 낸다. 준비율이 낮으면 더 많은 돈을 창출할 수 있다. 정부는 이 과정에 영향력을 행사해서 통화량을 통제하려고 노력한다. 금리를 바꾸거나, 지급준비율을 변경하는 것이 그 방법이다.

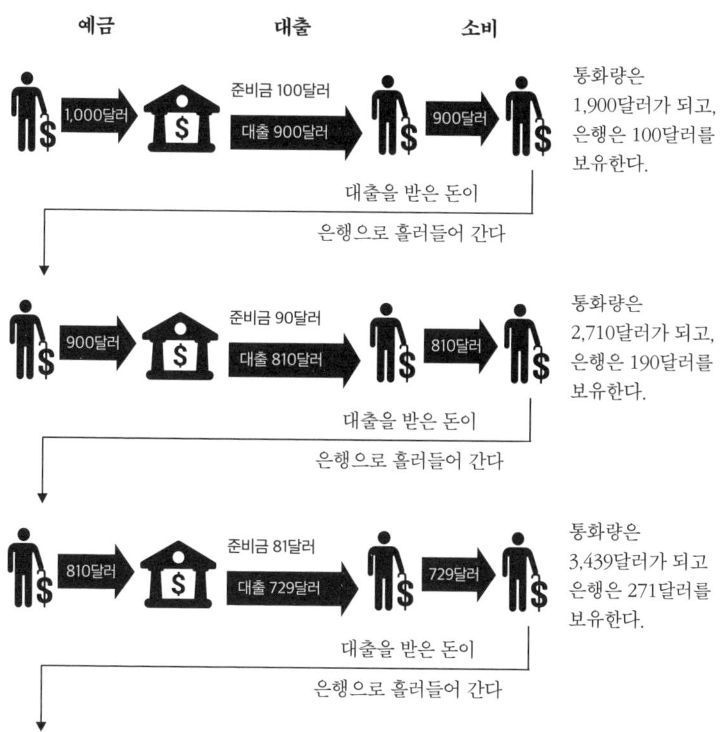
예금
대출
소비
1,000달러
준비금 100달러
대출 900달러
900달러
통화량은 1,900달러가 되고, 은행은 100달러를 보유한다.
대출을 받은 돈이
은행으로 흘러들어 간다
900달러
준비금 90달러
대출 810달러
810달러
통화량은 2,710달러가 되고, 은행은 190달러를 보유한다.
대출을 받은 돈이
은행으로 흘러들어 간다
810달러
준비금 81달러
대출 729달러
729달러
통화량은 3,439달러가 되고 은행은 271달러를 보유한다.
대출을 받은 돈이
은행으로 흘러들어 간다

돈에 대한 수요

사람들은 돈, 주식, 부동산, 여타 자산 등 다양한 형태로 재산을 보유한다. 사과나 집에 대한 수요처럼 돈에 대한 수요도 존재한다. 사람들은 다양한 이유로 재산을 돈으로 보유하거나, 요구한다. 거래를 위해서 돈이 필요하기도 하고, 음식을 사거나 세금을 내려고 돈이 필요할 수도 있다. 미래에 대한 불확실성 때문에 예측할 수 없는 비용을 충당하려고 돈을 보유하기도 한다. 거래가 늘어날수록 사람들은 돈을 더 요구하게 된다. 경제가 성장하면, 돈에 대한 요구가 늘어나는 경향이 있다.

돈(그중에서도 특히 현금)은 이자를 지급하지 않는다. 따라서 돈을 가지고 있으면, 채권 등의 금융자산으로부터 얻을 수 있는 잠재적인 수익을 포기하게 된다. 제공되는 금리가 높아지면, 누군가는 돈을 보유하면서 이자를 더 많이 포기하게 된다. 그래서 금리가 인상되면, 돈에 대한 수요가 감소하는 경향이 있다. 인플레이션 역시 돈에 대한 수요를 감소시키는데, 구매력이 줄어들기 때문이다.

/ The demand for money

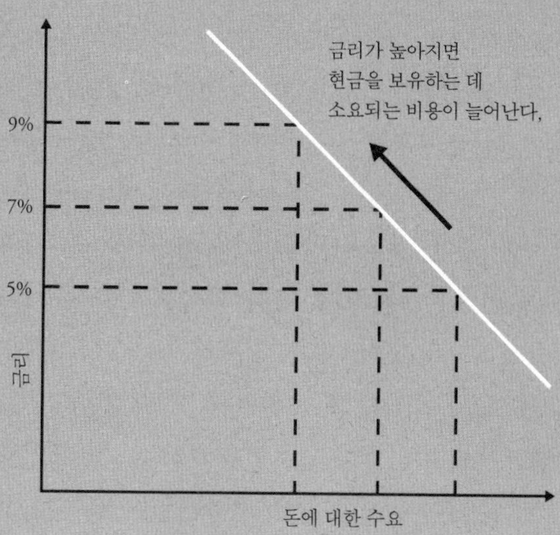

금리

이자는 채권 등의 금융자산을 보유한 사람에게 지급되며, 돈의 수요와 공급에 의해 결정된다. 금리가 높으면 사람들은 금리를 제공하는 금융자산을 매입한다. 그 결과 현금을 덜 보유하게 되지만, 국민소득이 높아지면 사람들은 각종 거래를 위해 돈을 더 요구하게 된다. 중앙은행이 일정 수준의 통화량을 정해 놓았다고 가정해 보자. 돈에 대한 수요가 공급과 일치할 경우 단기 금융시장은 휴지기를 맞는다. 이를 위해서는 금리를 조정해서 사람들이 돈을 보유하는 정도와 중앙은행이 돈을 공급하는 정도가 일치되도록 해야 한다.

중앙은행이 시장에 돈을 지나치게 많이 공급하고 있다고 가정해 보자. 국민소득을 고려했을 때, 사람들이 거래를 위해 필요한 돈보다 더 많다. 현재 금리에서는 사람들이 추가로 돈을 보유하려고 하지 않기 때문에, 이를 해결하기 위해서 금리가 하락해야 한다. 금리가 하락하면 채권은 전에 비해서 매력을 잃고, 사람들은 추가 자금을 보유하려고 한다. 덕분에 시장이 균형을 이룬다.

/ Interest rates

시뇨리지 효과

정부는 화폐 생산을 독점한다. 정부가 화폐를 찍어 낼 때 드는 비용은 화폐 가치에 비하면 일부에 불과하다. 정부가 화폐를 찍어 낼 때 얻는 수익을 시뇨리지 효과라고 부르는데, 세금 및 차입과 함께 정부가 국가의 재원을 마련할 수 있는 방법이다. 시뇨리지 효과는 정부가 돈을 빌리거나 세금을 올리는 대신에 화폐를 찍어 내면서 지출을 충당하는 것이다.

하지만 실질적으로 시뇨리지 효과는 일종의 세금과 같다. 화폐를 찍어 내면, 돈의 공급이 늘어나고 인플레이션이 생긴다. 따라서 시뇨리지 효과는 가격을 인상해서 사람들이 가지고 있는 돈의 실질 가치를 낮추는 '인플레이션 세금'이라고 생각할 수 있다. 다른 세금과 마찬가지로, 정부는 다른 사람들의 구매력을 줄여서 자신의 구매력을 늘린다. 시뇨리지 효과는 정부의 재원을 마련하는 유용한 방법이지만 위험할 수도 있다. 심각할 경우 하이퍼인플레이션을 일으킬 수 있기 때문이다〔p. 220〕.

/ Seigniorage

화폐 착각

현금 및 은행예금의 형태로 존재하는 현대 화폐는 금화와 달리 내재적인 가치를 가지고 있지 않다. 10달러 지폐가 가치가 있는 이유는 사회적으로 합의가 이루어졌기 때문이다. 이 돈으로 무엇을 살 수 있느냐는 가격에 따라 달라진다. 화폐 착각은 사람들이 명목상의 가치(예를 들어서 액면가 10달러)와 실질적인 가치(이 돈으로 살 수 있는 재화와 용역의 양)를 혼동할 때 발생한다.

어떤 노동자가 주당 100달러를 받는다고 가정해 보자. 즉 이 노동자의 명목상 임금은 100달러이다. 이 사람은 버는 돈으로 몽땅 책을 사는데 책의 가격이 두 배로 올랐다면, 실질임금이 절반으로 줄어든 셈이다. 하지만 사람들은 가격 변화에 의한 임금의 변화보다는 명목임금의 변화에 따른 실질임금 변화에 더 주목하는 것 같다. 그래서 임금은 그대로인 채 가격이 10퍼센트 상승하는 것보다는 명목상 임금이 10퍼센트 줄었을 때 더 힘들어 한다. 어떤 경제학자들은 인플레이션이 발생할 때 노동자들이 실질적인 가치보다 임금을 더 과대평가하기 때문에 더 많은 노동력을 제공한다고 설명했다.

/ Money illusion

피셔 효과

미국의 경제학자 어빙 피셔의 이름에서 따온 피셔 효과는 인플레이션이 명목상의 금리에 미치는 효과, 즉 명목상의 금리와 실질금리의 차이를 말한다. 매년 10퍼센트의 이자를 지급하는 채권이 있다고 가정해 보자. 이자가 얼마큼의 가치를 지니는지(이자로 실제 무엇을 구매할 수 있는지의 면에서)는 전적으로 인플레이션 비율에 달려 있다. 만약 인플레이션이 4퍼센트라면, 실질적인 이자소득은 6퍼센트에 불과하다.

그렇다면, 10퍼센트의 명목상 금리를 실질금리와 인플레이션 비율로 나눌 수 있다. 명목상 금리는 실질금리에 인플레이션을 더한 것이다. 만약 인플레이션이 1퍼센트 상승하면 (돈의 공급이 증가했기 때문에) 명목상 금리도 1퍼센트 상승해야 한다. 시간의 흐름에 따른 금리 및 인플레이션 추세에 대한 연구 결과 피셔 효과는 타당한 것으로 보인다. 인플레이션이 높으면, 금리도 높은 것으로 추정된다.

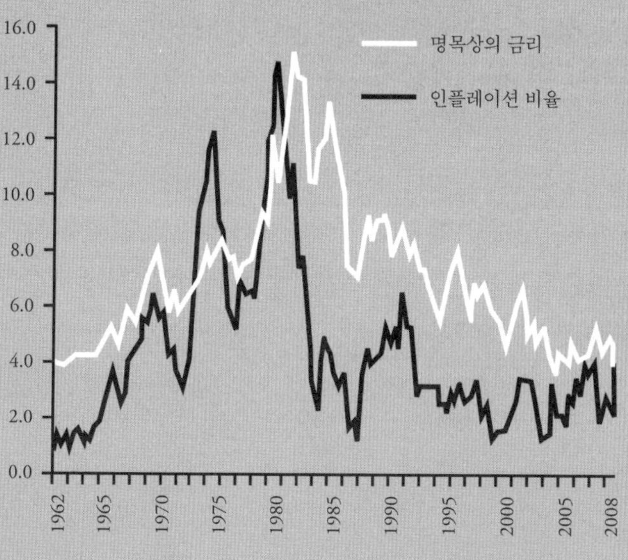

미국의 인플레이션 및 금리 추세는 피셔 효과를 확인해 주는 것으로 보인다.

은행 및 금융 중개

국민소득은 오늘 당장 써 버릴 수도 있고, 미래의 수익을 약속하는 프로젝트에 투자할 수도 있다. 인프라, 공장, 기술에 대한 투자는 모두 성장을 추진하는 원동력이다. 따라서 투자는 경제를 살리는 생명선이다. 은행(돈을 저축하는 사람과 투자하는 사람을 이어 주는 금융 중개인 역할을 한다)은 투자를 위한 중요한 근간이다. 소득을 오늘 모두 써 버리고 싶지 않은 사람은 저축을 한다. 돈을 은행에 맡기고, 은행에서는 저축된 돈을 투자 프로젝트를 진행하기 위해 돈이 필요한 사람들에게 모아 준다.

은행은 많은 사람들의 저축을 모아서 다른 누군가에게 대출해 줄 수 있다. 은행은 많은 예금자와 투자자에 대응하면서 위험을 관리할 수 있다. 이런 행동에서 중요한 부분은 돈을 빌릴 때 이자와 저축할 때 이자의 균형을 맞추는 것이다. 저축을 하는 사람은 자신이 맡긴 돈에 즉각적인 접근을 원하는 반면 돈을 빌리는 사람은 거대한 규모의 투자 프로젝트를 위해서 장기적인 대출을 원할 수도 있다. 이런 위험을 제대로 관리하지 못하면, 금융 중개 메커니즘은 타격을 받게 된다.

뱅크런

일반적으로 은행은 예금의 일부만 현금으로 보유한다. 이 현금은 돈을 저축한 예금자가 맡긴 돈을 인출할 때 당장 지급하는 데 사용될 수 있다. 은행은 현금으로 얼마를 보유하고 있을지 신중하게 판단해야 하며, 대출자에게 돈을 빌려주면서 벌어들이는 수익에 대한 필요와 균형을 맞추어야 한다. 예금자들이 은행이 맡긴 돈을 지급받을 수 없다고 판단하기 시작하면 뱅크런이 발생한다.

뱅크런은 스스로 모멘텀을 만들어 악화된다. 이는 은행이 예금자들 가운데 일부만 일정한 기간 내에 돈을 찾는다는 가정에 따라 유지되기 때문에 벌어지는 일이다. 만약 예금자들이 은행의 현금 지급 능력에 의심을 품으면, 이들은 모두 달려가 동시에 돈을 인출할 것이다. 이때 은행은 예금자에게 돈을 지불할 수 없다. 정부가 잠재적으로 은행을 무너뜨릴 수 있는 혼란을 미연에 방지하기 위해 은행 예금의 지급을 보장하는 정책을 사용하는 이유도 이 때문이다.

/ Bank runs

채권

대출자는 은행 등의 금융 중개 덕에 예금자들로부터 돈을 빌릴 수 있다. 하지만 채권 시장 등 금융시장에서는 예금자에게 직접 돈을 빌릴 수 있다. 메가푸드라는 회사가 있다고 가정해 보자. 이 회사는 새로운 공장을 건설하려고 한다. 이때 기본적으로 차용증과 같은 채권을 발행해서 기금을 마련할 수 있다. 존이 메가푸드의 채권을 매입하면, 기업의 입장에서는 대여금이 된다. 채권에는 존에게 돈을 갚아야 할 만기일과, 그때까지 지급해야 하는 이자가 적혀 있다. 존은 만기까지 채권을 보유할 수도 있고, 그 이전에 판매할 수도 있다. 정부도 정부 지출을 조달하기 위해서 채권을 발행한다.

채권은 만기에 따라서 달라진다. 그래서 몇 달 후에 만기가 되는 채권을 단기 채권, 만기가 수십 년 후인 채권을 장기 채권이라고 부른다. 장기 채권은 기업 혹은 정부가 갚지 못할 가능성이 높기 때문에 수익도 높다. 대출자의 위험성이 높으면, 자금 마련을 위한 채권의 이자율도 높아진다.

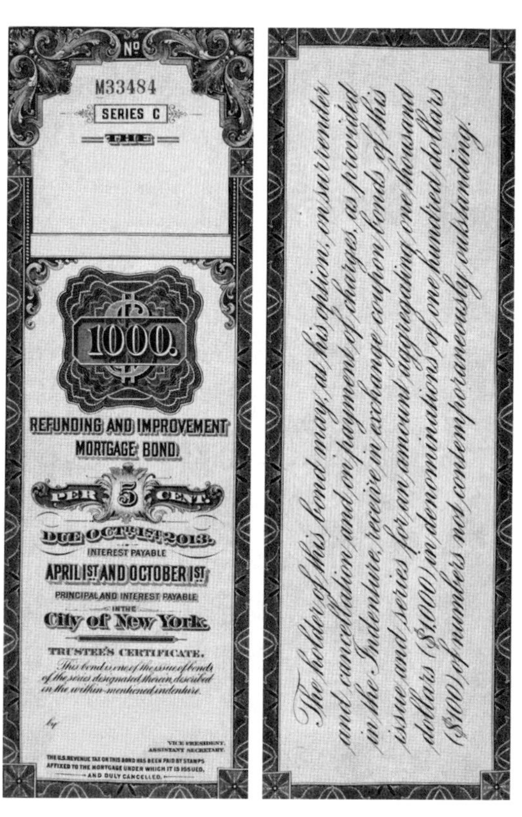

미국 철도 채권. c. 1900.

위험과 수익

위험과 수익은 함께 움직인다. 위험한 금융자산 혹은 투자 프로젝트는 미래에 높은 잠재적 수익을 가져오는 경향이 있다. 위험이 낮으면 잠재적 수익은 낮아진다. 사람들이 위험을 회피하는 경향이 있기 때문에, 위험과 수익은 일종의 '거래'와 같은 형태를 취한다. 그래서 잠재적으로 높은 수익을 얻기 위해서는 위험을 감수해야 한다.

어떤 기업이 새로운 상품을 생산한다고 가정해 보자. 제품이 인기를 끌지, 기업이 살아남을지는 예측하기 어렵다. 그래서 기업에 돈을 빌려주는 투자자는 높은 이자를 요구한다. 만약 제품이 성공을 거두고 기업이 높은 수익을 벌어들인다면, 주식 투자자는 막대한 돈을 벌어들이고 돈을 빌려준 사람은 두둑한 이자 수익을 얻는다. 반대로 기업이 파산하면, 투자자들은 돈을 잃게 된다. 정반대의 극단적인 예로, 안전한 국채에 투자할 수도 있다. 국채는 안전 자산이기 때문에 지급되는 이자가 적다.

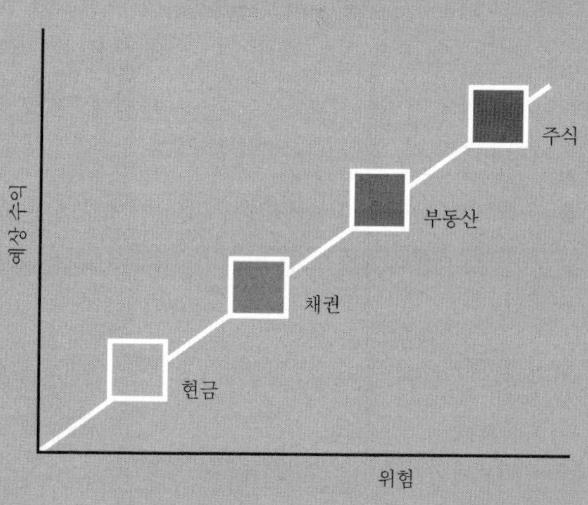
다양한 투자에 따른 위험과 수익
예상 수익
위험
현금
채권
부동산
주식

주식시장

기업이 재원을 마련하는 또 다른 방법은 주식을 팔아서 투자자들에게 직접 받는 것이다. 투자자들이 기업의 주식을 매입하면, 기업의 일부를 소유하게 된다. 이런 자금 조달 방법은 채권을 발행해서 돈을 빌려 자금을 조달하는 것과 상반된다. 채권 투자자들은 기업에 돈을 빌려주지만, 주식 투자자들은 기업을 소유한다. 결과적으로 주식에 대한 투자는 상대적으로 위험하지만, 더 높은 수익을 보장한다. 만약 기업의 성과가 좋으면 주식 1주에 대한 배당금으로 순익의 일부 혹은 전부를 지급한다. 게다가 주식의 가격도 상승한다. 어느 쪽이건 주식 투자자는 돈을 벌게 된다. 하지만 기업이 파산하면, 주식 투자자는 투자금을 모두 잃게 된다. 반대로 채권 투자자는 기업의 주가가 천정부지로 치솟아도 동일한 이자 수익을 얻는다. 주식의 거래는 런던 증권거래소 등 주식시장에서 이루어진다. 일단 기업이 주식을 상장하면, 투자자들은 이 주식을 매입할 수 있다. 기업의 주가는 실적에 따라 등락을 거듭한다. 또한 주가는 경제 전체의 영향을 받는다.

/ The stock market

자본 자산 가격 결정 모형

자본 자산 가격 결정 모형CAPM은 위험을 기준으로 투자를 통해 얻을 수 있을 것으로 예측되는 수익을 계산하는 방법이다. 자산은 두 가지의 위험을 갖는다. 하나는 특정 위험이고 다른 하나는 체계적 위험이다. 특정 위험은 특정한 투자에 영향을 미친다. 예를 들어서, 대표 의약품이 인체에 해로운 것으로 확인된 제약 회사의 주가는 잠재적으로 폭락할 가능성이 있다. 이런 종류의 위험은 다양한 기업에 투자를 다변화해서 상쇄할 수 있다. 체계적인 위험은 전체 시장에 영향을 미치며(예를 들어서 경제가 불황에 돌입해서 모든 기업의 주가가 하락할 가능성이 있다), 다변화로 상쇄할 수 없다.

전반적으로 말해서 CAPM은 자산 투자에서 예측할 수 있는 수익이 주식시장 전체에서 예측되는 수익과 연관된다고 말한다. 일부 자산은 전체 시장과 비슷하게 움직인다. 이들은 다변화로 해결할 수 없는 체계적인 위험의 정도가 높고, 따라서 높은 수익을 예측할 수 있다. 체계적인 위험이 적은 다른 자산은 일반적으로 적은 수익을 제공한다.

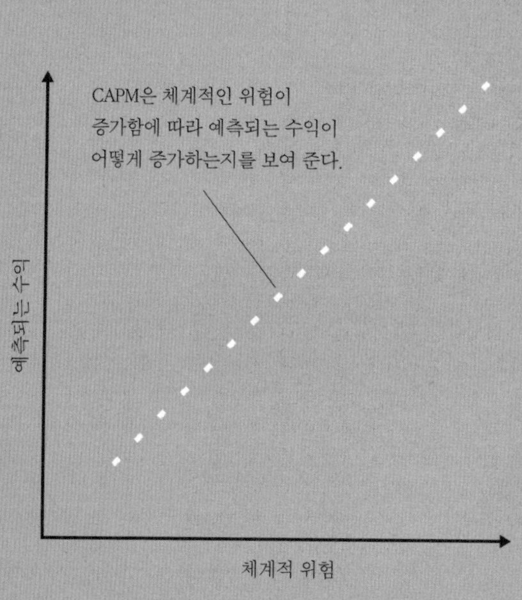
CAPM은 체계적인 위험이
증가함에 따라 예측되는 수익이
어떻게 증가하는지를 보여 준다.
예측되는 수익
체계적 위험

수익률 곡선

만기 시점이 다양한 채권의 수익률을 비교하면, 단기 채권과 장기 채권 금리의 관계를 나타내는 그래프가 그려진다. 이것이 바로 수익률 곡선이다. 일반적으로 수익률 곡선은 기울기가 위를 향한다. 돈을 빌리는 기간이 길어지면 수익이 높아진다. 다시 말해서, 장기 채권의 이자는 단기 채권보다 더 높다. 투자자들이 국채를 매입해서 정부에 100파운드를 빌려준다고 가정해 보자. 정부는 이자를 지급하고, 6개월 후 돈을 돌려준다. 만약 3년 후에 돈을 돌려주기로 되어 있다면, 더 높은 이자를 기대할 수 있다. 투자자는 돈을 오래 빌려줄 때 더 큰 위험을 감수한다. 3년 동안 예측하지 못하던 사건이 발생할 수도 있기 때문이다.

수익률 곡선이 아래로 기울어질 때도 있다. 단기 채권의 금리가 장기 채권의 금리를 초과할 때 벌어지는 현상이다. 이는 투자자들이 단기금리의 하락을 예측한다는 뜻이다(그렇지 않으면 장기로 돈을 빌려서 단기로 대출해 줄 것이다). 경제가 불황에 접어들 때는 단기금리의 하락이 예측된다.

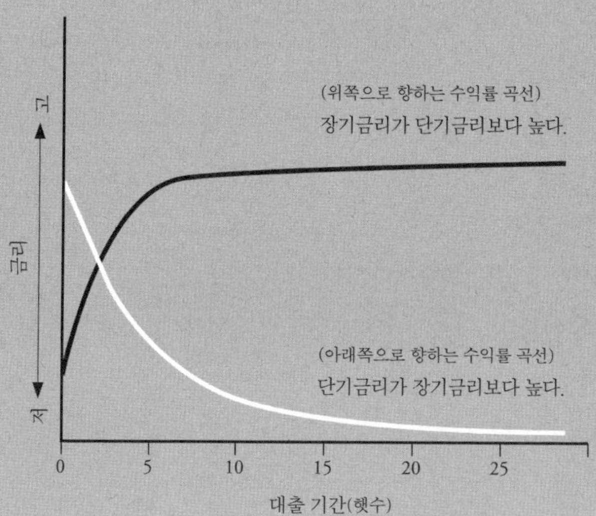
(위쪽으로 향하는 수익률 곡선)
장기금리가 단기금리보다 높다.
(아래쪽으로 향하는 수익률 곡선)
단기금리가 장기금리보다 높다.
고
금리
저
0
5
10
15
20
25
대출 기간(햇수)

금융 공학 및 파생 상품

금융 파생 상품은 몇 백 년의 역사를 가지고 있지만, 최근 몇 십 년 동안 특히 중요해졌고, 더 복잡해졌다. 파생 상품은 밀 혹은 달러와 같은 상품이 개입된 계약이다. 파생 계약의 한 가지 예를 들어보면, 보리 100톤에 미래에 공급할 가격과 시간을 명시한 것이다. 이런 종류의 계약은 위험을 관리하는 데 특히 유용하다. 가격의 불확실성을 줄일 수 있기 때문이다. 하지만 파생 상품의 특성 때문에 투기도 가능하다. 6개월 후에 보리 100톤을 1톤 당 100파운드에 구입하기로 약정한 파생 상품을 매입했다고 가정해 보자. 만약 6개월 후 보리 1톤의 실제 가격이 120파운드가 되었다면, 당장 보리를 팔아서 1톤 당 20파운드의 수익을 얻을 수 있다. 지난 몇 십 년 동안 다양한 종류의 계약에 내재한 위험에 대해 수학적 모델로 가격을 매기는 복잡한 파생 상품이 만들어졌다. 일각에서는 최근의 경제 위기가 이런 종류의 금융 공학 때문이라고 비난한다. 금융 상품이 너무 복잡해져서 이를 이해하는 사람이 극소수이기 때문이다.

/ Financial engineering and derivatives

토빈의 Q

1968년에 경제학자인 제임스 토빈과 윌리엄 브레이너드는 투자와 주식시장의 관계에 대한 주장을 펼쳤다. 토빈은 이들 관계를 보여 주는 방법을 고안하고, 여기에 토빈의 Q라는 이름을 붙였다.

어떤 기업이 새로운 자본금을 마련하고, 이를 지출할 생각을 하고 있다고 가정해 보자. 이 기업은 주식시장에서 새로운 주식을 발행할 수도 있다(p.116). 만약 주가가 추가로 자본금을 얻을 때 소요되는 비용보다 크다면, 기업 입장에서는 반드시 투자를 만들어 내야 한다. 주가가 해당 기업의 자본금에 대한 시장의 평가를 반영한다고 생각할 수도 있다. 따라서 추가적인 자본금을 조달하는 비용보다 주가가 더 높다면, 기업의 지출은 반드시 이루어져야 한다. 토빈의 Q는 기업의 시장가치를 자본금의 대체 비용으로 나눈 것이다. 이 값이 크다면, 투자가 이루어져야 한다. 특히 토빈의 Q가 1보다 크면, 기업은 과대평가된 것으로 생각된다. 시장가치가 자산을 대체하는 비용보다 크기 때문이다. 그렇다면 기업은 더 많은 자본을 투자해야 한다.

$$\text{토빈의 Q 비율} = \frac{\text{기업의 총 시장가치}}{\text{총 자산 가치}}$$

효율적 시장 가설

효율적 시장 가설의 생각에 따르면 주가는 다른 재화와 마찬가지로 가치 평가와 관련된 모든 정보를 반영한다〔p. 118〕. 그래서 효율적 시장 가설은 투자자들이 계속해서 '시장을 이기는 것'은 불가능하다고 주장한다. 사실 금융시장이 정말 효율적이라면, 투자자들은 아무 주식이나 골라서 묻지 마 투자를 해도 문제없을 것이다. 하지만 이들은 기업의 재정 상태를 확인하고, 기업 가치에 영향을 미치는 새로운 정보를 확인한다. 이렇게 해서 과소평가된 기업의 주식을 매입하고, 과대평가된 주식은 매도한다. 효율적인 시장에서는 가격이 공급과 수요를 일치시킨다. 특정 가격에 주식을 매입하려는 투자자가 해당 가격이 주식을 매도하려는 투자자와 정확하게 균형을 맞추어야 하기 때문에, 주가는 언제나 기업의 가치를 확인해 주는 훌륭한 도구이다. 시장이 종종 비이성적으로 행동하며, 군중심리 때문에 시장의 거품과 붕괴가 일어난다는 사실을 생각하면, 효율적 시장 가설을 의심해야 한다. 최근의 경제 위기들은 시장이 언제나 효율적으로 모든 정보를 고려하지 못한다는 것을 보여 주었다.

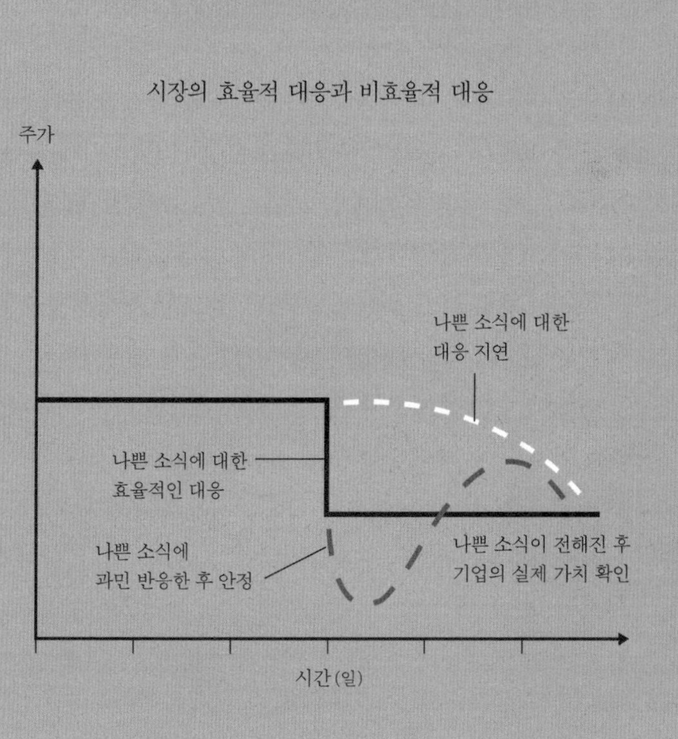
시장의 효율적 대응과 비효율적 대응
주가
나쁜 소식에 대한
대응 지연
나쁜 소식에 대한
효율적인 대응
나쁜 소식에
과민 반응한 후 안정
나쁜 소식이 전해진 후
기업의 실제 가치 확인
시간(일)

금융 위기

지금까지 다양한 종류의 금융 위기가 발생했다. 최근의 금융 위기는 하이먼 민스키가 1960년대에 제시한, 경제 안정을 위해서 어쩔 수 없이 불안정과 위기가 발생한다는 생각을 다시 불러왔다. 경제가 지속적으로 성장하면 사람들은 미래에 대해 자신감을 갖는다. 돈을 빌려서 집과 기타 자산에 투자를 한다. 자산의 가치가 상승할 것이라고 기대하면서 더 많은 돈을 대출해서 이자만 갚으며 버티기도 한다.

2008년 금융 위기까지 모기지 증권을 기반으로 한 금융 증권의 시장이 성장하면서 대출이 크게 늘었다. 그 결과, 부채를 갚지 못할 위험이 큰 사람들도 집을 구매하기 위한 대출을 받을 수 있었다. 시장에 자신감이 팽배해지면서 과도한 대출이 이루어졌고 결국에는 시장의 불안정으로 이어졌다. 즉 민스키 모멘트Minsky moment에 이르게 되었다. 미국 주택 시장은 부동산 대출을 받은 대출자들이 돈을 갚지 못하면서 하락하기 시작했고, 그 결과 대출자들은 과도한 빚을 떠안게 되었으며 금융 위기가 발생했다.

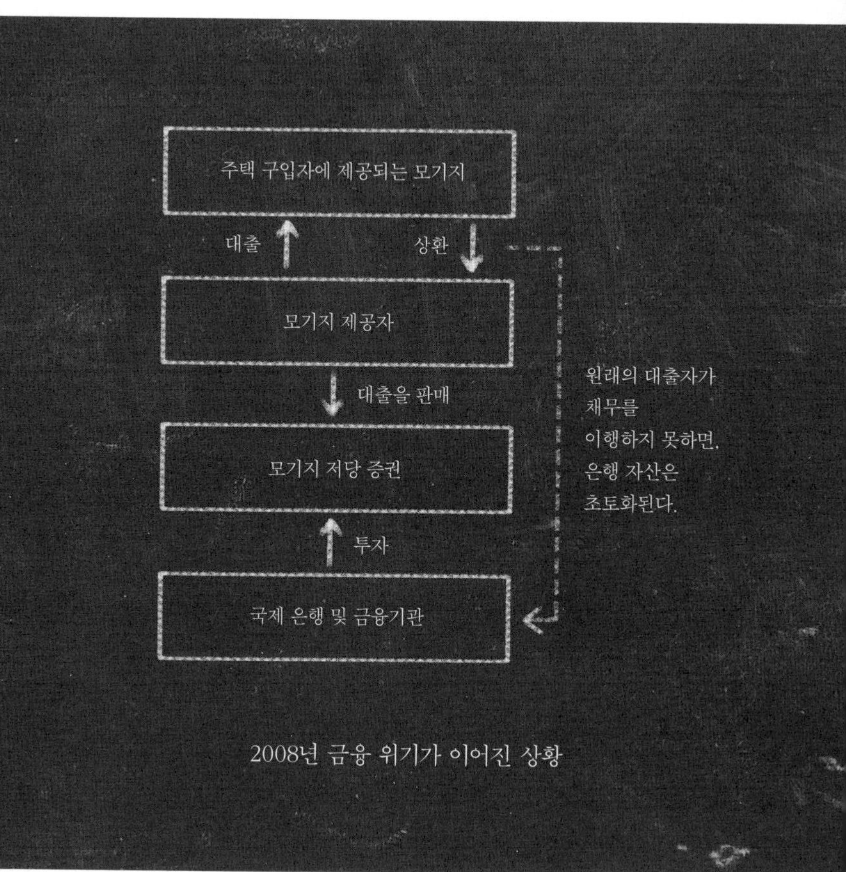

2008년 금융 위기가 이어진 상황

신용 경색

신용은 경제활동에 연료를 제공한다. 기업은 돈을 빌려서 공장과 새로운 제품에 대한 투자를 위해 사용한다. 개인은 돈을 빌려서 집을 사고, 교육을 받는다. 따라서 신용이 말라 버린 경제는 질식한다. 신용 경색 기간 동안에는 대출이 줄어든다. 사용할 수 있는 신용도 줄어들지만, 이에 접근할 수 있는 조건도 빡빡해진다.

신용 경색은 시장이 실패했을 때 자주 발생한다. 예를 들어서 최근 2008년에 발생한 경제 위기 동안, 금융기관들은 개인 주택 구매자들에게 지급된 대출이 이들의 신용에 대한 제한적인 분석을 기반으로 진행되었으며, 실질적으로는 의미가 없다는 사실을 깨닫게 되었다. 금융기관들은 위험을 줄이기 위해서 즉시 돈을 빌려 가는 대출자들의 신용을 제한하기 시작했다. 이 모든 행동은 소위 말하는 '정보의 실패information failure' 때문이었다. 은행의 대여금에 따른 실질적인 위험에 대한 정보가 충분하지 않다고 생각되면, 자유로운 대출 정책이 굉장히 보수적인 정책으로 전환되는 양상을 보인다.

/ Credit crunches

금융 거품

주식이나 부동산의 가격이 거품이 부풀어 오르듯 상승할 때가 있다. 가격 상승에는 합리적인 이유가 있는 경우가 많다. 하지만 거품이 낄 때 가격은 자산의 지표상 가치 이상으로 상승한다. 거품은 경제적 비합리성의 예이다. 사람들은 자산의 실질적인 가치에 의해 결정을 내리는 것이 아니라 무리수를 따른다. 이때 사람들이 무엇인가를 구매하는 이유는 (21세기 IT 주식과 17세기 튤립의 예가 그렇듯) 다른 사람들도 사려고 하고 나중에 비싸게 되팔 수 있기 때문이다.

처음에는 이런 예측이 계속 맞아떨어진다. 재화에 대한 열정은 가격을 상승시키고, 곧 투자자들은 하나같이 매입에 혈안이 된다. 그 결과 가격은 끝도 없이 부풀어 오른다.

하지만 결국에는 이 과정이 끝나고, 시장은 붕괴한다. 사람들은 가격이 끝없이 상승하거나 적어도 곧 거품이 꺼질 것이라는 사실을 모르는 사람에게 팔 수 있을 것이라고 믿는다.

/ Financial bubbles

17세기 네덜란드에서는 '튤립 광풍'이 불었다.
당시 어떤 튤립은 노동자가 1년에 벌어들이는
임금을 초과했다.

기업금융

전통적으로 기업은 돈을 빌리거나 주식(equity, 자본)을 팔아서 자금을 마련한다. 모딜리아니-밀러 정의는 기업이 돈을 조달하는 방식이 기업의 가치를 반영하지 않는다고 설명한다. 이 이론은 시장이 효율적이고 투자자들이 이성적일 때, 중요한 것은 기업이 실현하는 수익이며, 이것만으로 기업의 가치를 판단할 수 있다는 아이디어를 제시한다.

이 이론을 제안한 학자 중 한 명은 기업을 우유에 비유해서 설명했다. 농부는 우유 전체를 판매할 수도 있지만(기업 금융이 순수한 자본, 즉 주식으로 구성된 것과 같다) 크림을 따로 분리해서 더 비싼 값에 팔 수도 있다(기업이 돈을 빌려서 자금을 조달한 것과 같다). 하지만 우유에서 크림을 걷어 내고 남은 탈지유의 가치가 낮아지는 것처럼, 기업이 돈을 빌리면 남은 주식이 가진 매력은 줄어든다. 그 결과 앞에서 얻는 이득은 상쇄된다. 농부가 크림과 탈지유를 분리하듯이, 기업은 부채와 자본의 비율을 결정한다.

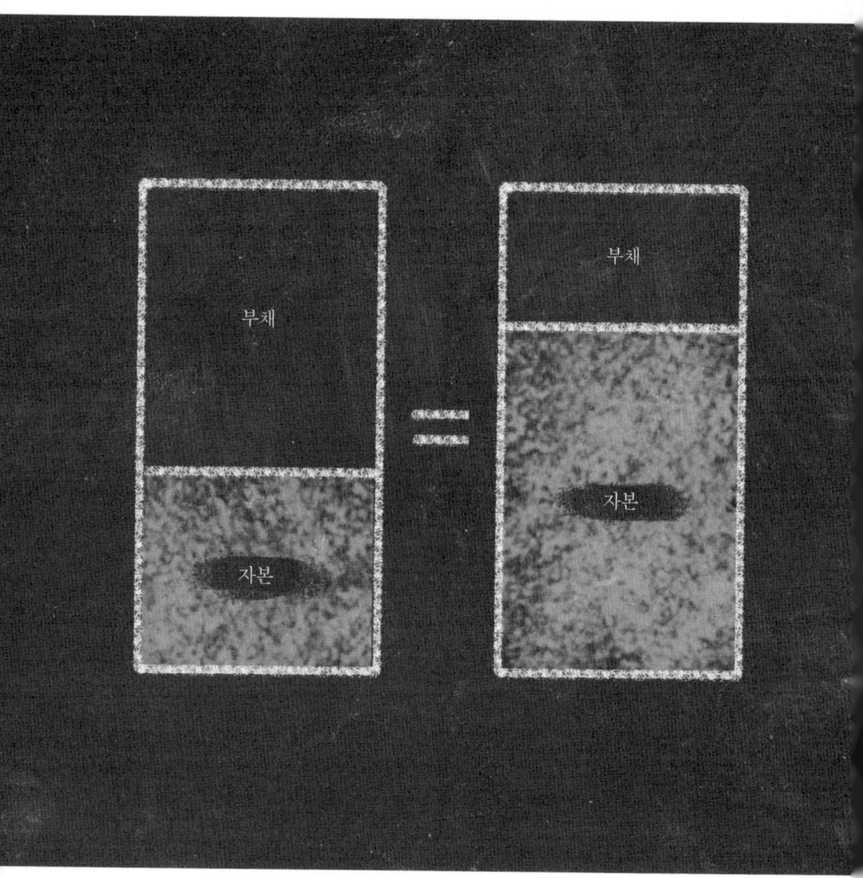
부채
자본
부채
자본

예측

경제예측은 경제의 수학적 모델을 세운다. 이 모델들은 다양한 수식으로 구성되며, 각 수식은 경제의 한 부분을 설명한다. 예를 들어서, 금리의 변동과 기업의 투자 사이의 상관관계를 설명하는 수식이 있다. 이런 수학적인 식은 경제의 현재 상태에서 미래의 추세를 예측할 때 사용할 수 있다.

예측은 금융시장에 있어서 중요하다. 금융시장의 참여자들이 예측의 요소를 투자 전략의 지침으로 삼기 때문이다. 예측의 중요한 요소 중 하나는 선행지표이다. 선행지표란 경제의 전반적인 변화를 알려 주는 변수이다. 예를 들어서 주식시장의 변동은 곧잘 전체 경제의 방향을 미리 예측한다. 하지만 예측에는 다양한 어려움이 있다. 경제는 너무 복잡해서 완벽한 포괄적 모델을 세우기 어렵다. 추정은 간소화해야 하며, 예측에는 자주 오류가 생긴다.

/ Forecasting

기업의 존재

최근 들어 기업은 다양한 기능을 계약을 통해 외주화하고 있다. 전에는 기업 내부에서 진행하던 연구 업무가 이제 독립적인 연구 기관으로 외주화된다. 만약 기업의 모든 기능이 외부로 이전될 때까지 계속한다면 어떨까? 그렇다면 기업은 왜 존재해야 하는 것일까? 경제학자들은 '거래 비용transaction costs' 개념을 이용해서 이 질문에 대한 답을 구하려고 노력해 왔다.

사과를 구매하는 과정은 간단하다. 거래에 참여하는 당사자들이 복잡한 정보를 수집하거나, 여러 불확실성을 고려할 필요가 없다. 따라서 거래 비용은 저렴하다. 하지만 다른 경제적인 관계는 시간의 흐름을 거치면서 훨씬 더 복잡해졌고, 훨씬 불확실한 환경에서 이루어지게 되었다. 이 경우에는 거래 비용이 상승한다. 기업의 노동자는 예측하지 못한 방향으로 시간에 따라 변화하는 복잡한 업무를 수행한다. 이를 계약관계에 있는 제3자에게 모두 상세하게 설명하는 것은 불가능하다. 따라서 생산의 특정 부분은 기업 내에서 조직되어야 한다.

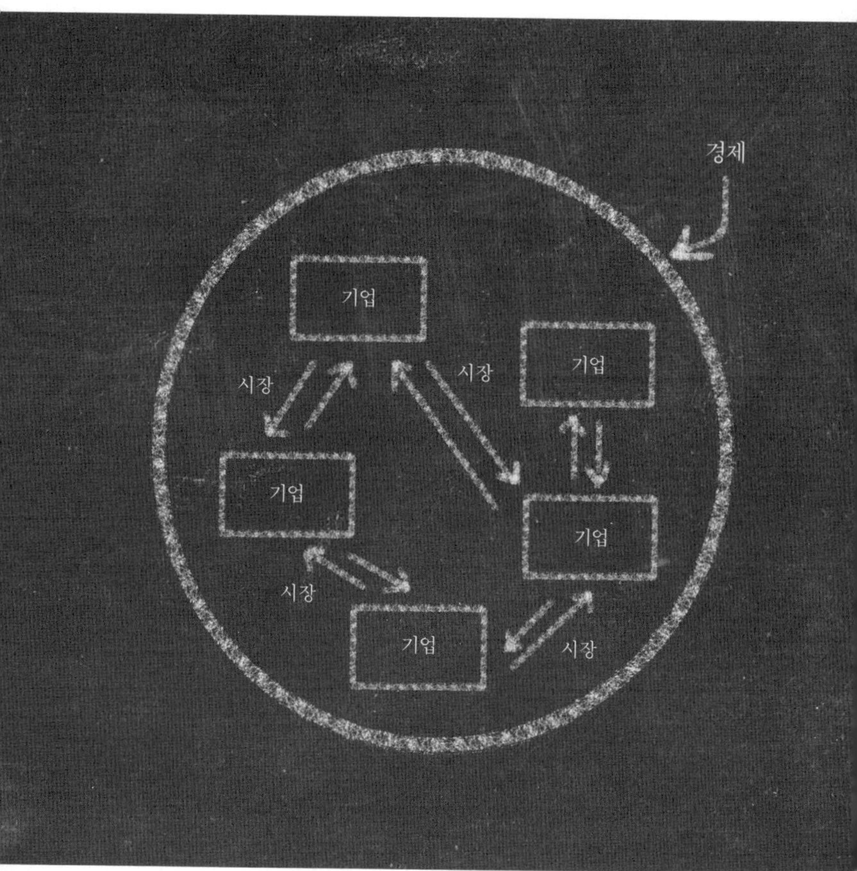
경제
기업
기업
시장
시장
기업
기업
시장
기업
시장

수익 극대화

경제학자들은 기업을 수익 극대화의 주체로 본다. 얼마나 생산할지, 얼마나 많은 노동자를 고용할지, 어디에서 원자재를 구매할지에 대한 결정은 수익을 극대화하는 것이 목적이다. 수익은 총매출에서 총비용을 제한 것이다. 당연히 기업에 영향을 주는 요소가 늘 객관적인 것은 아니다. 예를 들어 관리자가 매출을 늘리기 위해서 기업의 크기를 확대해도, 비용이 크게 증가하면 순익은 극대화되지 않을 수도 있다.

기업이 순익을 극대화하기 위해 산출량을 정할 때는 '한계marginal'를 계산한다. 생산량이 한 단위씩 늘어날 때마다 추가로 얻는 매출과 추가로 소요되는 비용을 비교해야 한다는 뜻이다. 어떤 기업이 셔츠 한 벌을 생산할 때마다 얻는 '한계수입marginal revenue'이 10파운드인데, 이에 따른 '한계비용marginal cost'은 7파운드라고 가정해 보자. 이때 기업은 계속 셔츠를 생산한다. 수입이 비용보다 높아서, 순익을 늘릴 수 있기 때문이다. 기업은 셔츠 한 벌에서 얻을 수 있는 한계수입이 한계비용과 같아질 때까지, 다시 말해서 순익이 극대화되는 시점까지 계속 셔츠를 생산할 것이다.

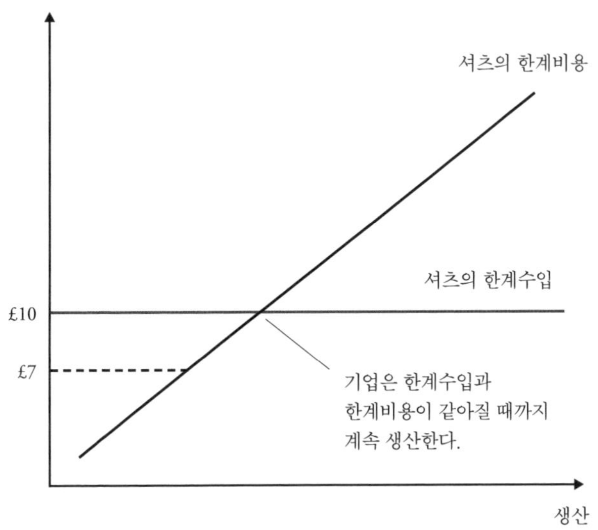
셔츠의 한계비용
셔츠의 한계수입
£10
£7
기업은 한계수입과
한계비용이 같아질 때까지
계속 생산한다.
생산

기업의 소유권과 통제

최근 문제가 되고 있는 기업 경영자들의 과도한 상여금 및 급여에 대한 논란은 사실 '기업의 경영 방식'이라는 더 큰 논의와 관련이 있다. 현대의 기업 형태가 부상하면서, 소유권과 경영이 분리되었다. 기업은 주주가 소유하지만, 경영은 전문 경영인이 담당한다. 그런데 주주의 이익과 관리자의 이익이 동시에 발생하지 않을 때도 있다. 주주는 순익이 증가해서 재산이 늘어나기를 바란다. 반면 임금을 받는 관리자는 기업 전체의 순익보다는 자신이 받는 임금이나 특혜에 더 관심이 있다.

이 경우에 발생하는 문제는 주주가 관리자를 감독하고 기업의 가치를 높이도록 만드는 최선의 방법이 무엇이냐는 것이다. 그 답은 간단치가 않다. 매일 벌어지는 경영에 대해 상세한 지식이 없는 소액 주주 다수가 기업을 소유하고 있을 때는 특히 그렇다. 주주가 많으면, 문제가 생겼을 때 경영진의 행동에 조직적으로 대응하기 어렵다.

/ Ownership and control of firms

기업공개와 유한책임

기업공개는 주식시장에서 자유롭게 거래되는 주식을 발행하는 것이며, 기업을 공개하면서 얻는 혜택은 책임에 한계가 생긴다는 것이다. 만약 기업이 파산하면, 채권자들은 기업에 빌려준 돈을 회수하려 들 것이다. 하지만 기업의 개인 소유자들은 채권자의 손실에 대해서 개인적으로 책임을 지지 않는다. 채권자가 기업에 투자한 돈을 잃었다고 해서, 기업 소유자들이 가진 개인 재산에 권리를 주장할 수 없다. 법적으로 기업이 주주와 분리된 권리 및 책임을 가진 '법인'으로 처리되기 때문에 가능한 일이다.

당신이 파산한 기업의 주식을 가지고 있지만, 경영에 대해서는 아는 바가 거의 없다고 가정해 보자. 유한책임은 어떤 잘못 때문에 기업이 파산했다고 하더라도, 당신이 집을 잃어서는 안 된다는 원칙을 지킨다. 이 원칙은 잘 모르는 기업에 투자를 할 때 따르는 위험을 낮추고, 결과적으로 기업들이 자본을 조달할 기회를 확장한다.

/ Public companies and limited liability

생산함수

경제학은 기업의 경영에 대해서는 놀라울 정도로 설명하지 않는다. 경제학에서는 기업을 단순히 자본, 노동력, 기술의 투입을 산출로 바꾸는 주체로 생각한다. 생산함수는 만약 어떤 직물 생산 공장에 기계가 10개 있고 직원도 열 명 있다면, 하루 직물 생산량은 100미터라는 사실을 나타내는 수학적인 표현이다. 생산함수는 또 투입 요소가 변화할 때 어떤 일이 생기는지도 알려 준다. 투입 요소가 고정비율로 할당되어야 하는 경우를 생각해 보자. 기계 하나당 노동자 한 명이 붙어야 한다는 얘기다. 만약 공장에 추가 기계가 생긴다면, 이 기계를 운영하기 위한 또 다른 직원을 고용해야 생산량을 늘릴 수 있다.

다른 종류의 생산은 자본과 노동 사이에서 선택한다. 농부는 트랙터를 사용하고 운전자를 고용해 곡물 10톤을 생산하거나 같은 돈으로 인부를 쓰는 것을 선택할 수 있다. 생산함수는 투입이 증가할 때 벌어지는 일에 대해서도 설명할 수 있다. 만약 투입이 배로 늘었는데, 산출이 배 이상이 되었다면, 규모가 전문화를 가져왔기 때문이다. 이를 규모에 대한 수익 체증 상황(규모 수익 체증Increasing Returns to Scale, IRS)이라고 한다.

/ Production functions

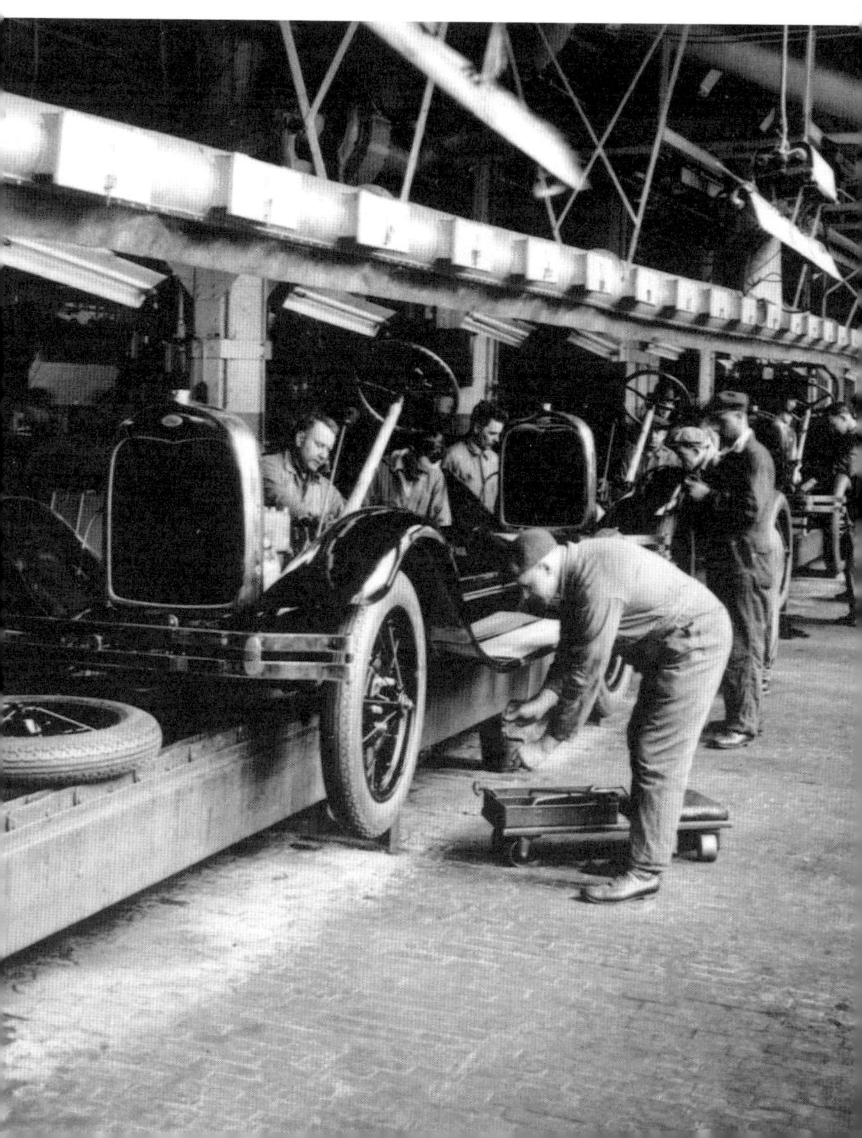

수확체감의 법칙

수확체감의 법칙은 노동 혹은 자본을 투입해도 산출량이 그만큼 증가하지 않을 때를 말한다. 밭에서 일하는 농부를 예로 들어보자. 농부는 일꾼을 한 명 고용하고 있고, 이 일꾼이 열심히 일을 해서 한 계절 동안 생산하는 양배추의 양은 50개이다. 노동력을 더 투입하면 양배추 150개를 추가로 생산할 수 있다. 농부는 일꾼을 계속 늘려 마침내 일꾼 30명이 매 수확기마다 양배추 2천 개를 생산하게 되었다.

일꾼 한 명을 투입할 때마다 생산량에는 어떤 영향을 미칠까? 생산량은 늘지만, 일꾼을 한 명에서 두 명으로 늘려서 생산되는 양배추의 개수를 100개로 늘렸을 때보다는 정도가 덜하다. 일꾼이 30명으로 늘어날 때 즈음에는 농장에 투입된 노동력이 상당하기 때문에 한 명을 추가함으로서 얻어지는 효과는 미미하다. 심지어 일꾼들이 서로 방해가 되어서 추가로 사람을 고용하면 오히려 생산량이 하락하는 시점에 다다른다. '닭이 너무 많으면 양계장이 망가지는 것'과 마찬가지이다.

/ The law of diminishing returns

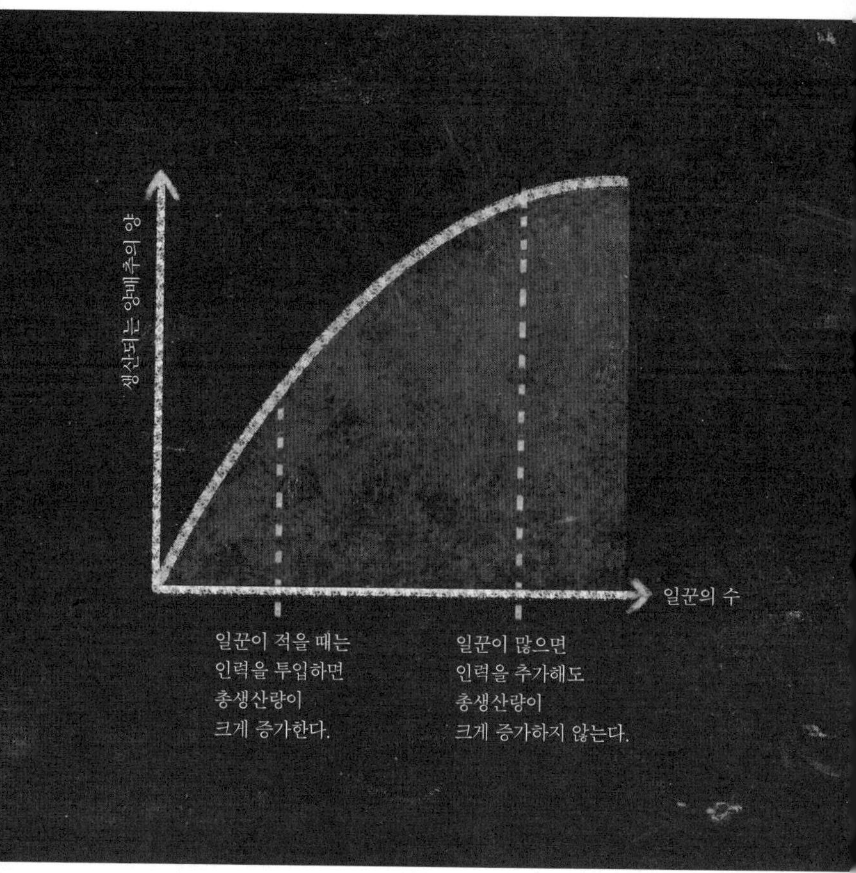

평균 원가와 한계비용

경제학에서는 '평균량'과 '한계량'에 대한 구분을 중요하게 생각한다. 평균 원가와 한계비용이 그 예이다. 어떤 가구 제작자가 1천 파운드의 비용으로 탁자 100개를 만든다고 가정해 보자. 평균 원가는 10파운드이다. 하지만 탁자를 하나 더 만들 때마다 발생하는 비용이 반드시 10파운드는 아니다. 만약 비용이 10파운드를 넘는다면, 평균 원가가 상승한다. 그보다 적으면 평균 원가는 하락한다. 축구 선수의 평균 득점율에 비유할 수 있다. 만약 이 선수가 득점율을 높이고 싶다면 다음 경기에서 더 많은 골을 넣어야 한다.

생산의 한계비용은 산출량 증가와 함께 상승한다. 이미 많은 양을 생산하고 있을 때는 더 생산하기가 어렵기 때문이다. 기업이 탁자를 더 생산하기로 결정할 때는 평균 원가가 아니라 한계비용을 생각해야 한다. 한계비용이 한계수입보다 낮다면, 탁자를 더 생산하는 게 수익을 올리는 길이다.

/ Average vs marginal cost

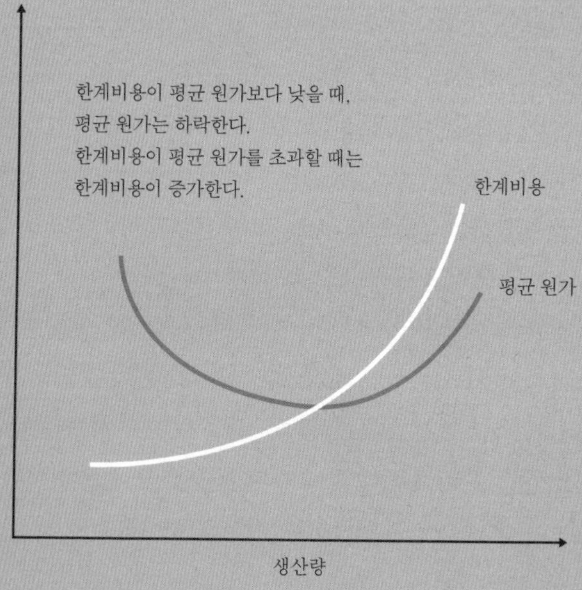

규모의 경제

자동차 제조업체가 생산량을 늘리면, 자동차 한 대당 평균 원가는 달라진다. 생산량이 적을 때 생산량을 늘리면, 단위당 평균 원가는 하락한다. 규모의 경제라고 불리는 현상이다. 왜 이런 일이 발생하는 것일까? 자동차 생산은 매우 자본 집약적이어서, 공장 및 시설에 상당한 초기 투자가 요구된다. 생산되는 자동차가 늘면, 고정비용은 늘어난 생산량에 넓게 확대된다. 자동차 생산 업체는 생산 라인을 활용하기 위해서 특정 작업에 전문화된 노동자가 필요하다. 생산량이 많을 때, 효율성은 높이고 평균비용을 낮추기 위해서다.

생산량이 증가함에 따라서 비용이 하락하는 것이 아니라 오히려 상승하는 것도 가능하다. 너무 차를 많이 만들어서, 기업의 여러 부서를 조율하기 어려울 때 벌어지는 일이다. 서로 다른 부서가 상대 부서의 일을 모르기 때문에 똑같은 노력을 하는 경우도 있다. 규모의 불경제이라고 불리는 상황이다.

/ Economies of scale

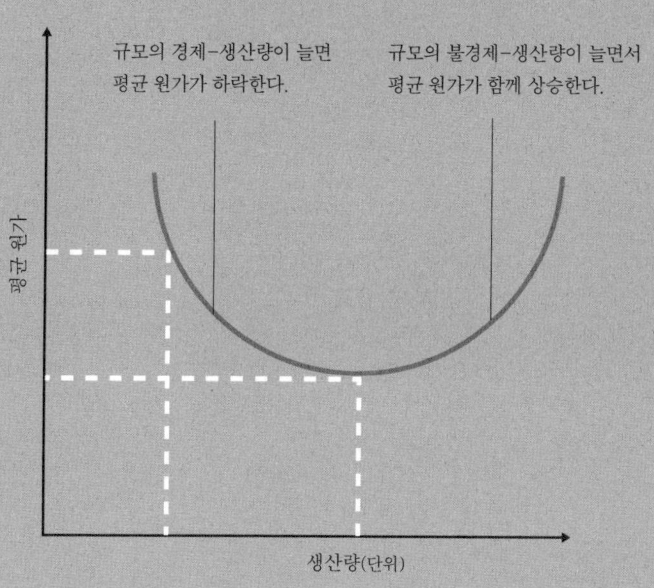

매몰 비용

어떤 경제 상황이건 다양한 매몰 비용이 발생한다. 일단 비용이 발생한 다음에는 회수할 수 없다는 뜻이다. 데이브가 연극 표를 샀다고 가정해 보자. 극장에 도착해서 보니 맥베스를 공연 중이다. 좋아하는 연극이 아니지만 표를 환불하기에는 너무 늦었다. 데이브는 마음에 들지는 않지만 이미 20파운드를 내고 표를 샀기 때문에 연극을 보기로 결정한다. 20파운드는 데이브의 매몰 비용이다. 그가 연극을 보건 안 보건, 어차피 발생한 비용이다. 돈은 포기하고 무엇을 하고 싶은지 결정해야 한다. 집에 가서 텔레비전을 보겠다고 결정을 내려도 어쩔 수 없다.

이와 비슷하게, 매몰 비용은 기업이 공급하는 양에 영향을 미치지 못한다. 수영장 주인에게 이미 매몰 비용이 발생했다. 그는 땅을 샀고, 수영장을 지었고, 기타 부대 비용을 지불했다. 날씨가 추워지면서 수영장을 찾는 손님이 줄었지만, 계속 영업을 할 만한 가치는 있다. 이미 중요한 비용은 지불했고, 아무리 적어도 손님이 있으면 돈이 벌리기 때문이다.

/ Sunk costs

분업

한 사람이 핀을 만드는 장인이 되기 위해서는 다양한 작업을 숙달해야 한다. 금속을 반듯하게 만들고, 끝을 날카롭게 하고, 머리를 붙이는 등 여러 작업에서 뛰어나야 한다. 애덤 스미스가 지적한 것처럼 아마도 그는 하루 동안 많은 핀을 만들지는 못할 것이다. 여러 노동자들이 각 작업에 전문화되면, 분업이 이루어진다. 어떤 노동자는 금속을 반듯하게 만들고, 어떤 노동자는 끝을 날카롭게 만들며, 어떤 노동자는 머리를 붙이는 식이다. 각 노동자는 맡은 작업에 숙달된 기술을 갖게 되고, 한 사람이 모든 작업을 담당할 때보다 생산량은 늘어난다.

분업은 생산량 증가의 중요한 원천이다. 애덤 스미스는 분업이 경제성장을 이끈다고 주장했다. 시장이 확대되고 기업이 특정 상품에 전문화되기 때문이다. 이제는 생산자들이 제품 제조를 해외 공장으로 외주화하면서, 분업과 '생산 라인' 접근 방식이 세계적으로 확대되었다.

완전경쟁

완전경쟁 시장에서는 구매자와 판매자가 너무 많아서 한 사람이 가격에 영향을 미칠 수 없다. 이런 종류의 시장에서는 누구나 똑같은 물건을 판매한다. 옥수수나 소금과 같은 상품이 이런 예에 속할 것이다. 만약 내가 옥수수를 산다면, 판매자가 너무 많아서 내가 구매하는 양은 조족지혈에 불과하며 따라서 가격에도 영향을 미치지 않는다. 어떤 판매자가 가격을 올린다면, 아무도 이 사람에게서 물건을 사지 않을 것이다. 어떤 구매자가 시장가격 이하로 물건을 사려고 한다면, 판매자는 다른 구매자를 찾는다. 따라서 구매자와 판매자는 '가격 수용자price taker'이다.

완전경쟁을 위한 또 다른 조건은 누구나 시장에 진입하고, 시장 내의 기업과 경쟁할 수 있다는 것이다. 예를 들어 시장 진입을 막는 법적인 제한이 존재하거나, 어려운 기술이 요구되지 않아야 한다. 경제 이론은 완전경쟁 시장이 자원의 효율적인 활용에 도움이 되지만, 많은 시장이 이런 이상적인 형태와는 거리가 멀다고 설명한다. 여기에는 독점이나 상당한 진입 장벽 등이 포함된다.

/ Perfect competition

독점

시장에 기업이 많을 때는 경쟁이 발생하고 가격이 하락한다. 어떤 산업의 가격과 순익이 특히 높다고 가정해 보자. 곧 새로운 기업들이 이 시장에 진입해서 가격을 낮출 것이다. 독점은 정반대의 경우다. 특정 기업 하나가 시장 전체를 통제하는 것이다.

독점은 경쟁사들의 진입 장벽이 높을 때 (기술 혹은 법적인 장벽) 발생한다. 독점기업이 전체 시장을 통제하기 때문에, 제품의 가격과 공급되는 물량도 결정한다. 경제 이론은 독점 상황에서는 경쟁 시장에서와 달리 기업이 생산량을 제한한다고 말한다. 그래서 가격은 높게 유지되고, 순익은 증가한다. 경제학자들이 독점을 비난하는 이유는 생산량이 늘어나는 경쟁 시장에 비해서 소비자들이 피해를 입기 때문이다. 독점의 형성을 제한하는 반독점 정책이 정당화되는 이유가 바로 이 때문이다.

자연독점

어떤 재화는 자연스럽게 독점 상태로 공급되는 경향이 있다. 일반적으로 생산량이 증가할 때 평균 원가가 낮아지는 재화일 때가 그렇다. 전기 공급을 자연독점의 대표적인 예로 들 수 있다. 공급 네트워크 개발(지하 케이블, 철탑 건설 등)은 많은 비용을 요구한다. 높은 초기 비용 때문에, 전기를 공급할수록 평균 원가는 낮아진다. 이는 하나의 기업이 전기 네트워크를 운영하는 쪽이 두 개 기업이 각자 네트워크를 운영하는 것보다 훨씬 비용 효율적이라는 뜻이 된다.

규모의 경제를 고려했을 때, 경쟁사들은 스스로 이런 시장에 진입해서 자연독점 상태를 경쟁으로 바꾸려고 하지 않는다. 효율적이지 않기 때문이다. 하지만 독점은 가격을 올리는 힘이 있다. 그래서 정부가 가격 제한에서 중요한 역할을 담당하며, 특히 공공사업 부분에서 그렇다. 결과적으로 대부분의 정부는 자연독점을 해체하기보다는 통제하는 경향이 있다.

/ Natural monopolies

과점

특정 시장에 기업이 많으면, 경쟁으로 인해 가격이 계속 하락한다. 반면 독점 상황에서는 생산량이 낮고 가격은 높은 경향이 있다. 그렇다면 이 두 가지의 중간 형태라고 할 수 있는 소수의 기업이 시장을 통제하는 과점은 어떨까? '완전경쟁' 모델에서는 기업이 너무 많기 때문에 특정 기업 하나가 가격에 영향을 미칠 수 없다. 기업들은 시장가격을 기준으로 생산하고, 경쟁사에 대해 크게 걱정하지 않는다. 하지만 과점 기업은 전략적인 상호 관계를 갖는다. 각 기업의 행동은 가격 및 다른 경쟁사의 순익에 영향을 미친다. 따라서 가격 혹은 생산량과 관련된 결정을 내릴 때, 경쟁사들의 반응을 고려해야 한다.

프랑스의 경제학자 앙투안 쿠르노는 두 개의 경쟁 기업이 상대의 생산량을 추정해서 자사의 생산량을 선택하는 상황을 분석했다. 그는 두 기업의 생산량의 합이 완전경쟁 시장보다는 적지만 독점보다는 낫다는 것을 보여 주었다. 다시 말해서 경쟁이 아예 없는 것보다는 약간이라도 있는 것이 낫다는 뜻이다.

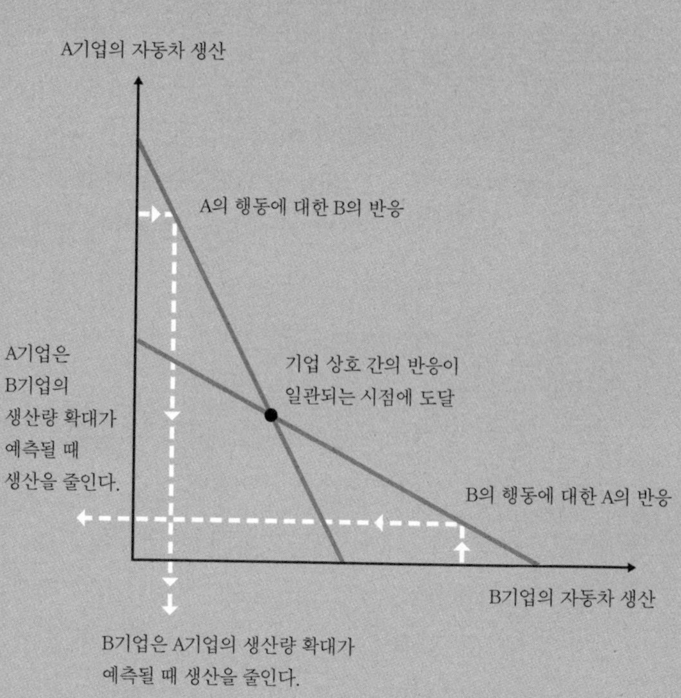
A기업의 자동차 생산
A의 행동에 대한 B의 반응
A기업은
B기업의
생산량 확대가
예측될 때
생산을 줄인다.
기업 상호 간의 반응이
일관되는 시점에 도달
B의 행동에 대한 A의 반응
B기업의 자동차 생산
B기업은 A기업의 생산량 확대가
예측될 때 생산을 줄인다.

독점적 경쟁

수많은 기업이 비누를 판다. 브랜드는 조금씩 다르지만, 서로 경쟁을 한다. 이것이 바로 독점적 경쟁의 기본이다. 소비자들은 특정 브랜드의 비누를 특히 좋아하고, 이 비누를 사기 위해서 기꺼이 돈을 낸다. 그래서 이러한 상품을 제조하는 업체는 시장 지배력을 갖는다. 소비자들을 잃을 위험 없이 비누 가격을 약간 올릴 수 있게 되는 것이다. 하지만 이런 시장 지배력에는 한계가 있다. 브랜드가 특성을 가지고 있지만, 여전히 다른 브랜드와 경쟁 관계에 있기 때문이다. 가격을 너무 올리면, 소비자들은 다른 브랜드를 선택한다.

그렇기 때문에 독점적 경쟁은 독점과 경쟁의 요소를 모두 가지고 있다. 여기에 속하는 기업은 약간의 시장 지배력을 가지고 있기 때문에 다른 경쟁사가 똑같은 제품을 판매한다고 해서 가격을 내리지는 않는다. 한편으로는 경쟁 때문에 독점기업처럼 높은 가격을 요구하지도 않는다. 이런 시장에서는 제품이 다양해지고, 소비자는 이것들의 가치를 매긴다.

/ Monopolistic competition

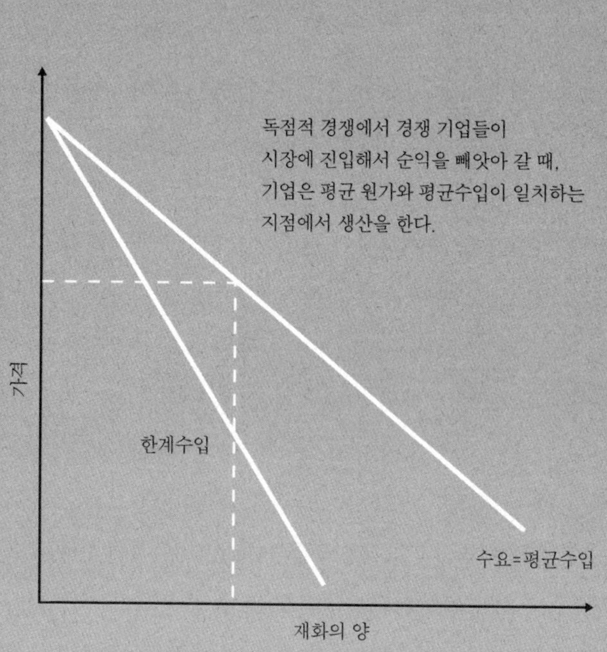

카르텔

경쟁 시장에서 기업은 경쟁을 하고 더 낮은 가격을 제시한다. 반대로 독점은 더 적게 생산하고, 더 높은 가격을 요구해서 수익을 늘린다. 그렇다면 경쟁 기업들이 함께 힘을 모아 독점 상태를 만들면 어떻게 될까? 이것을 카르텔이라고 부른다. 카르텔의 구성원들이 공급을 제한해서 가격을 높게 유지하면, 함께 높은 수익을 올릴 수 있다. 많은 국가에서 이를 불법으로 규정한다. 하지만 세계적인 영향력을 가진 카르텔도 있는데, 석유수출국기구인 OPEC(Organization of the Petroleum Exporting Countries)이 바로 그 예이다. OPEC은 1960년대 산유국들이 모여 설립한 강력한 카르텔이다.

카르텔은 '집합 행위collective action'의 문제에 직면한다. 예를 들어 OPEC 회원국은 생산량을 제한해서 원유 가격을 높게 유지해왔다. 그런데 베네수엘라 같은 개별 산유국은 높은 가격에 원유를 약간이라도 더 팔면 아주 유리하다. 베네수엘라를 비롯한 다른 산유국이 똑같이 행동하면 결국 원유 가격은 하락하고, 원래 카르텔이 가지고 있던 목적은 약화된다. 카르텔은 불안정해지기 쉽다.

가격 차별화

어떤 회사가 면도날을 한 상자에 3달러에 판매하고 있다. 소비자들은 다양한 상품을 원한다. 면도를 중요하게 생각하는 소비자들은 면도날 한 상자에 4달러를 낼 용의가 있다. 하지만 다른 이들은 3달러 이상은 지불하지 않을 생각이다. 두 종류의 소비자를 구분하고, 그에 따라 다른 가격을 매길 방법이 있을까? 만약 전자에게 4달러에 물건을 판매하고, 후자에게 3달러에 판매한다면, 수익을 높일 수 있다.

이런 종류의 가격 차별화는 적용이 쉽지 않다. 기업이 두 부류의 소비자를 구분한다고 하더라도, 대강 면도를 하는 소비자들이 3달러에 물건을 구매해서 면도를 중요시하는 소비자들에게 3.99달러에 물건을 판매할 수도 있다. 따라서 성공적인 가격 차별화는 다양한 소비자 그룹을 확인하는 한편 이들을 분리해서, 싼 가격에 물건을 산 소비자들이 되팔지 못하도록 막는 것이다. 학생이나 연금 생활자에게 이발 가격을 깎아 주는 것을 예로 들 수 있다. 이들은 상황 때문에 평균보다 낮은 비용을 지불하려는 사람들이다. 그리고 이발과 같은 서비스는 되팔 수 없다.

/ Price discrimination

포식

독점기업의 시장 지배력은 가격을 높이기 때문에 바람직하지 않다고 비난을 받는다. 하지만 시장 지배력으로 가격을 낮출 수도 있다. 일부는 이런 '약탈적 가격정책'이 반경쟁적이며, 독점 규제 당국이 이를 막아야 한다고 주장한다. 위지 버스가 런던에서 맨체스터까지 버스를 운행하는 유일한 회사라고 가정해 보자. 위지는 노선을 독점해서 상당한 돈을 벌고 있다. 줌 루트라는 업체가 수익을 창출할 수 있겠다는 생각에 새로운 런던-맨체스터 노선을 만들었다. 위지는 줌 루트를 시장에서 내쫓으려고 운임을 낮추어서 대응했다. 건전한 경쟁에서도 운임이 하락하지만, 위지의 약탈적인 가격정책은 경쟁이 불가능한 수준으로 가격을 낮추는 것이었다. 운임을 비용 이하로 낮추어 줌 루트를 쫓아 버리고, 이후 강력한 독점으로 손실을 복구할 계획이었다. 위지는 줌 루트가 경쟁 때문에 손실을 감수하기보다는 시장을 떠날 것으로 보았다. 경쟁과 포식을 구분하기는 상당히 까다롭다. 게다가 포식자는 스스로 상당한 손실을 감수해야 하기 때문에 언제 성공을 거둘지 알 수 없다.

/ Predation

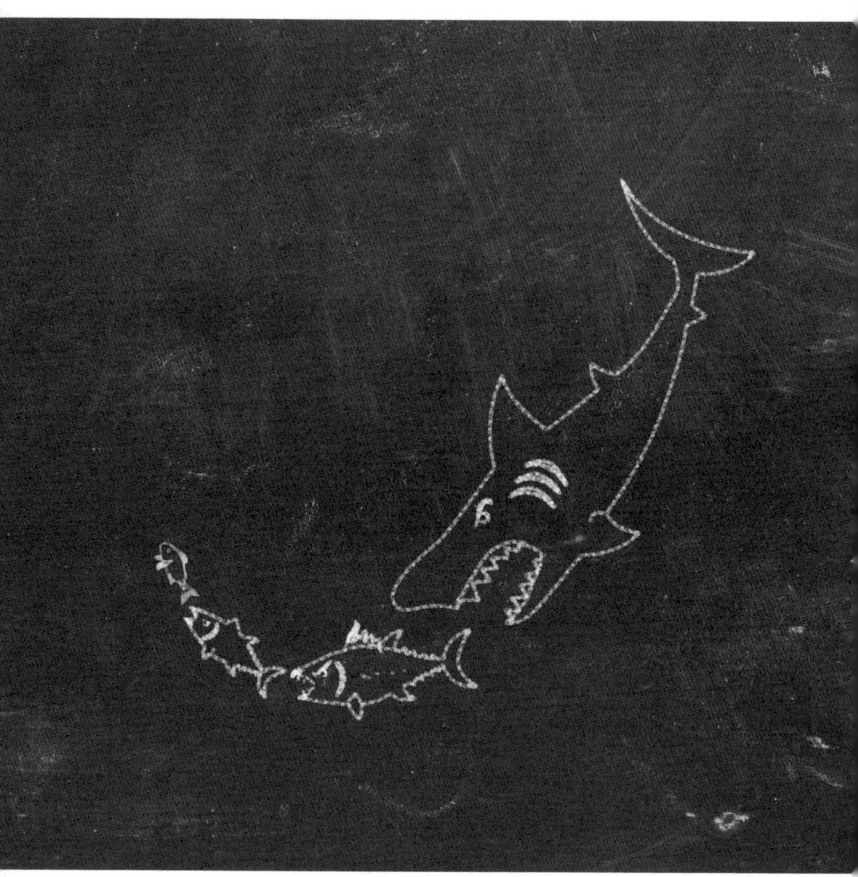

진입 장벽과 경합 시장

독점 혹은 과점 기업이 오랫동안 순익을 벌어들이기 위해서는 새로운 기업이 시장에 진출해 가격을 낮추지 못하도록 막는 진입 장벽이 필요하다. 이런 종류의 진입 장벽은 특정한 종류의 생산에 내재해 있다. 시장 진입을 위해서는 막대한 초기 자본 지출이 필요하고, 처음에 감당하기 어려울 정도의 대량생산이 요구되는 경우를 예로 들 수 있다. 무료로 사용할 수 없는 특별한 기술을 알아야 생산이 가능한 경우도 있으며, 특허권으로 보호를 받는 것일 때도 있다(p. 176). 가끔은 이미 시장에 진입한 기업들이 신규 사업자가 경쟁하기 어려운 브랜드 충성도나 명성을 쌓아 놓은 경우도 있다.

진입 장벽은 합법적일 수 있다. 정부는 특정 재화와 서비스를 제공하기 위해 한 기업에 독점권을 부여하기도 한다. 진입 장벽이 없으면 기업은 쉽게 시장에 진입해서 경쟁을 한다. 때로 이미 시장에 진출한 기업이 새롭게 시장에 진출하는 기업의 위협만으로 경쟁적인 가격을 설정하기도 한다. 이런 시장을 경합 시장이라고 한다.

/ Entry barriers and contestable markets

특허

특허는 신기술의 사용을 개발자에게만 허용하는 독점적인 권한이다. 경제학자들은 일반적으로 독점 상황을 나쁘게 생각한다. 가격이 비싸지기 때문이다. 하지만 특허에 대한 경제적인 논리는 개발자가 상당한 '유출 효과spill-over effects'를 가진다는 사실에서 찾을 수 있다. 예를 들어서 어떤 기업이 새로운 식품 포장 기술을 개발했다고 가정해 보자. 타 기업들이 이 기술에 접근할 수 있다면, 곧 비슷한 기술을 사용하게 될 것이다. 그렇게 되면 처음 개발했던 기업이 만들어 낸 혜택이 다른 기업으로 유출되고, 원래 개발자가 아니라 전체 사회가 혜택을 누리게 된다. 하지만 개발의 인센티브가 사라지기 때문에, 개발자에게 사회적으로 잠재적인 이익을 보장하는 경우에 비해서 개발이 크게 줄어들 것이다. 특허는 개발자의 전유물을 보장하고, 신기술 개발을 위한 강력한 인센티브가 된다. 경쟁 업체가 이 기술을 곧바로 사용하고 싶다면, 개발자에게 돈을 지불해야 한다. 일정 기간이 지나면, 개발된 기술을 무료로 사용할 수 있다.

/ Patents

기업에 대한 세금 부과

기업 대상의 조세 정책은 정치인들이 선거에서 표를 많이 얻기 위한 방법 중 하나다. 가족을 부양하기 위해서 애쓰는 개인 임금 생활자보다 거대하고 인간미 없는 기업에 막대한 세금을 부과하는 것이 더 공정하고 덜 고통스럽게 느껴진다. 하지만 언뜻 보기에는 설득력이 있는 이러한 생각이 언제나 옳은 것은 아니다. 헐뜯는 말로 이를 '세금에 대한 파리 끈끈이 이론'이라 부르기도 한다. 파리가 끈끈이에 들러붙듯이, 세금이 부과될 만한 곳이면 어디든 과세가 된다는 말이다.

공식적으로 기업은 세금을 낸다. 하지만 '정말' 세금을 내는 사람은 누구일까? 항공기에 부과되는 세금을 생각해 보자. 세금은 기업의 순익에 타격을 입히고, 항공사는 비행기 요금을 올려서 대응한다. 그러면 결국 소비자가 세금을 내는 결과로 이어진다. 세금은 투자의 잠재적인 순익을 줄이기 때문에 항공사는 계획대로 항공기를 늘리지 못한다. 항공기가 줄면 요금은 더 비싸지고 직원은 해고를 당한다. 이것이 바로 세금이 미치는 물결 효과이고, 의도치 않은 결과이다.

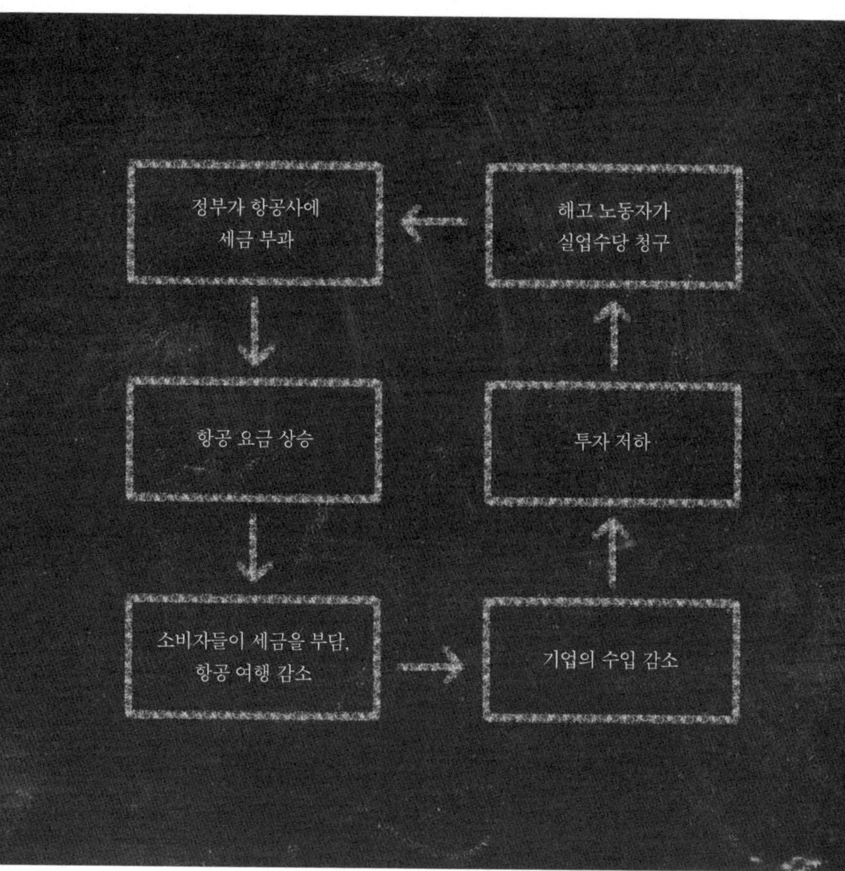
정부가 항공사에
세금 부과
항공 요금 상승
소비자들이 세금을 부담,
항공 여행 감소
기업의 수입 감소
투자 저하
해고 노동자가
실업수당 청구

광고

광고는 현대 경제에 있는 특별한 설득 방식으로, 수많은 브랜드가 광고를 통해 다양한 소비자들에게 자신을 알린다. 광고는 어떤 기능을 수행할까? 경제 이론 대다수는 소비자들이 필요한 모든 정보를 가지고 있다고 추정한다. 하지만 현실적으로 소비자들에겐 제품의 가격과 특성, 어디에서 구매할 수 있는지에 대한 정보가 필요하다. 광고가 이들에게 정보를 제공한다. 소비자들이 제공된 정보를 바탕으로 결정을 내릴 때, 시장은 제대로 작동을 하고, 기업은 경쟁하며, 가격은 낮게 유지된다.

물론 최근의 다양한 광고는 구체적이라기보다는 간접적인 방법으로 소비자들에게 정보를 알린다. 다양한 브랜드의 품질을 확인하기 어려울 때, 어떤 기업이 광고에 막대한 돈을 지출했다면 제품에 대한 기업의 자신감을 뜻할 수도 있다. 광고를 비판하는 사람들은 오로지 시장을 위해 새로운 욕구를 만들어 낸다고 주장한다. 뿐만 아니라 소비자들이 판매자를 전환할 의지가 없다면 브랜드 충성도의 상승이 오히려 경쟁을 악화시킨다.

DON'T
ELIEVE THE
IBERAL
MEDIA!
lTheTruth2012.org
2012
TOSHIBA
TOSHIBA
LED
LIGHTING
TOSHIBA
TDK
Hankook
driving emotion
Kodak
Kodak
WRATH OF THE TITANS
MARCH 30
SAT APRIL 21

GDP와 구성 요소

국내총생산Gross Domestic Product 혹은 GDP는 국가의 소득을 측정하는 핵심 잣대로, 특정 기간 동안 한 국가에서 생산된 모든 재화와 서비스의 가치를 뜻한다. 가난한 국가도 인구가 아주 많으면 GDP가 높게 기록될 수 있다. 따라서 중요한 것은 1인당 GDP(GDP를 인구수로 나눈 것)이다. 이는 개인이 소비하는 재화와 서비스의 양을 대략 나타낸다.

GDP는 소비, 투자, 정부의 재화 및 서비스 구매 등 다양한 종류의 지출로 구분할 수 있다. 구매는 구매자가 판매자에게 돈을 지불하는 과정이기 때문에, 기업이 생산하는 재화와 서비스에 대해 얻는 다양한 소득으로 구분할 수도 있다. 여기에는 임금과 순익이 포함된다. 절대적 및 상대적 GDP(국가 간 GDP)뿐 아니라 GDP 성장률도 경제학자들의 관심사이다. 얼마나 빠르게 삶의 수준이 향상되는지를 나타내기 때문이다.

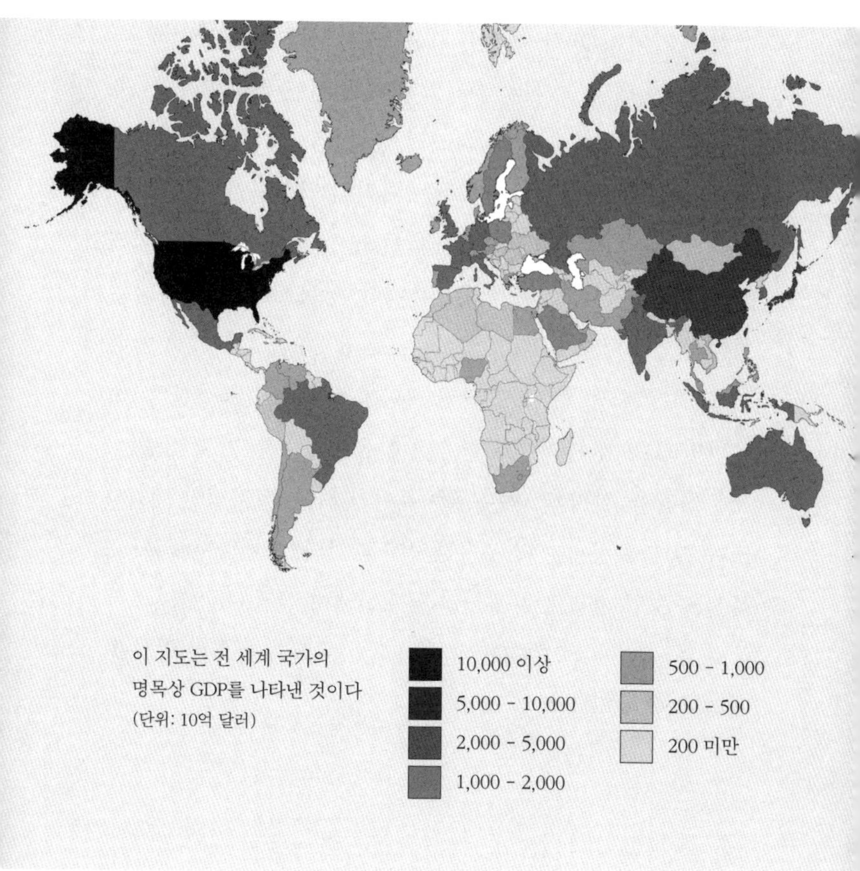
이 지도는 전 세계 국가의
명목상 GDP를 나타낸 것이다
(단위: 10억 달러)
10,000 이상
5,000 - 10,000
2,000 - 5,000
1,000 - 2,000
500 - 1,000
200 - 500
200 미만

실질 GDP 대 명목 GDP

한 국가의 GDP가 매년 10퍼센트씩 성장한다고 가정해 보자. 이는 해당 국가의 재화 및 서비스 생산량이 10퍼센트씩 증가하기 때문일 수 있다. 하지만 실질적인 생산량의 증가가 아니라, 재화의 가치를 측정하는 가격이 인상되었기 때문일 수도 있다. 국가의 소득이 늘어나는 것은 생산량 증가와 가격 상승 모두가 원인일 때가 대부분이다. 명목 GDP는 교환되는 가격의 영향에 따른 조정 없이 돈으로 GDP를 나타낸 것이다. 실질 GDP는 생산된 실질적인 재화와 서비스를 측정한다.

만약 GDP가 10퍼센트 상승한 이유가 오롯이 가격 상승 때문이라면, 실질 GDP는 계속 유지가 된다. 실질적인 재화와 소득 면에서 경제는 더 부유해지지 않았다. 경제학자들은 특정 연도의 가격으로 생산량을 계산해서 실질 GDP를 구한다. 이렇게 하면 GDP에서 가격의 변화가 미치는 영향을 제외할 수 있다.

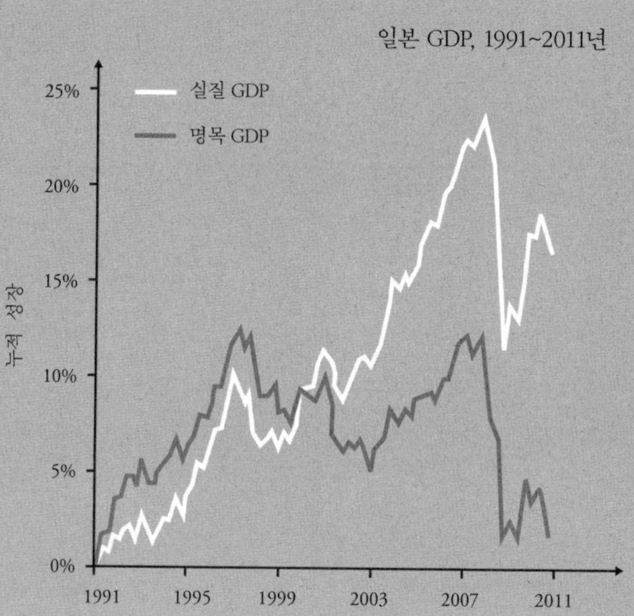

1990년대에 일본에서는 가격이 생산량 증가보다 더 빠르게 상승했고, 그 결과 명목상의 GDP가 실질 GDP 속도를 추월했다. 2000년대에는 가격이 생산량보다 더디게 상승했고, 실질 GDP 성장이 명목 GDP 성장보다 더 빨랐다.

소득의 순환

경제는 가계와 기업 사이에서 이루어지는 소득과 소비의 순환으로 생각할 수 있다. 기업과 가계는 두 개의 시장에서 만난다. 하나는 상품 시장이고, 또 하나는 노동과 같은 생산에 투입되는 요소의 시장이다. 상품 시장에서 돈은 가계에서 나와 기업으로 흘러들어 간다. 가정이 구매를 담당하기 때문이다. 예를 들어서 피트가 50펜스를 주고 빵을 사면, 그가 지불한 돈은 빵집의 소득이 된다. 생산요소 투입 시장에서는 반대로 돈이 기업에서 가정으로 흘러들어 간다. 빵집은 노동력이 필요하고, 피트가 지불한 50펜스를 노동자에게 지급한다. 이렇게 지급된 임금은 또 다른 재화를 구입하는 데 사용되고, 순환의 고리가 완성된다.

경제에 대한 이런 접근 방식은 국가 소득의 순환에 있어서 기본이 된다. 여기에서 국가의 소득을 재화의 총생산량 혹은 경제에서 벌어들인 총수입, 이렇게 두 가지 방식으로 생각할 수 있다. 앞의 간단한 예에서는 급여만 수입으로 고려했지만, 실질적인 순환에서는 수익과 임대료도 포함된다.

/ The circular flow of income

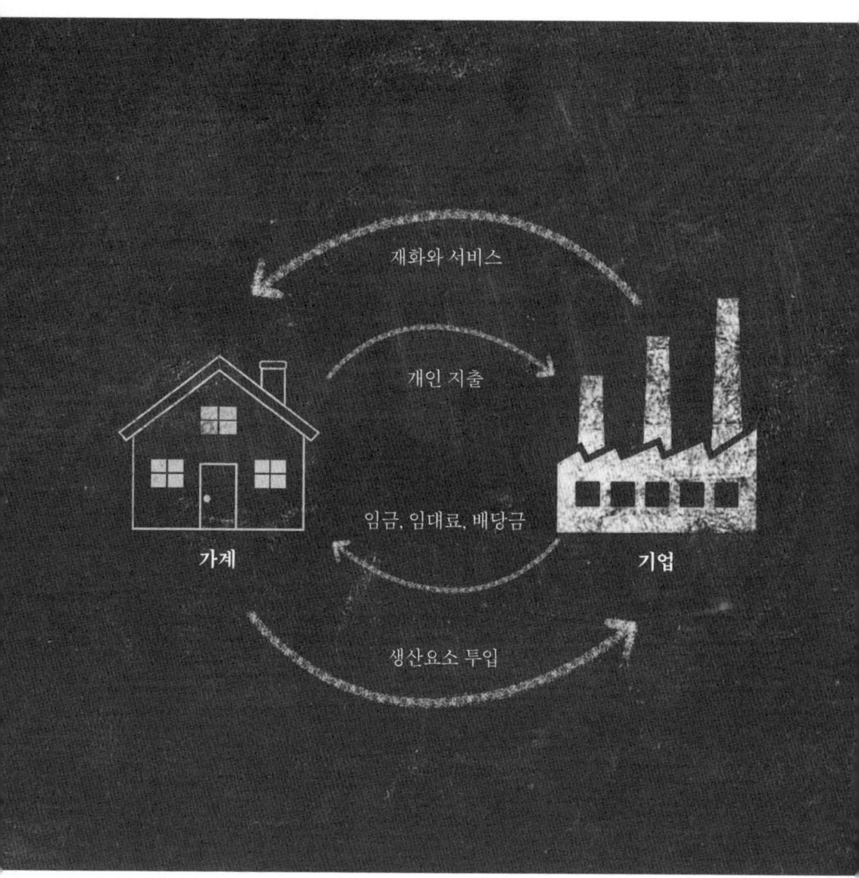

투자

경제학자들이 투자를 말할 때는, 경제가 앞으로 재화 생산을 늘리기 위해 필요한 자본을 소비한다는 뜻이다. 자본은 기계와 인프라를 포함하지만, 교육을 통한 기술 개발을 위한 지출, 연구와 개발을 통한 지식에 대한 지출도 포함된다. 투자는 경제성장에서 매우 중요하다. 생산 능력 개선만이 경제를 확대할 수 있기 때문이다. 하지만 이상적인 투자의 양은 보기보다 복잡한 문제이다. 투자는 성장을 이끌어 내지만, 당장의 소비가 줄어든다는 뜻이기도 하다.

투자는 다양한 변수의 영향을 받는다. 일반적으로 예금자에게 빌린 돈으로 투자가 이루어지기 때문에 금리는 중요한 요소이다. 금리가 높으면 투자자들은 대출을 갚거나, 순익을 창출하기 위해서 더 높은 투자 수익을 올려야 한다. 따라서 어떤 프로젝트는 경제적으로 실행이 불가능하다. 금리가 낮으면 프로젝트의 가치가 높아지고 투자가 활성화된다.

/ Investment

소비

셔츠를 사고, 이발을 하고, 햄버거를 먹을 때, 경제활동으로 만든 생산의 일부를 소비하게 된다. 경제학자들은 소비를 개인적인 면에서 생각하며, 사람들이 주어진 가격과 소득을 가지고 어떤 물건을 구매할지 어떻게 선택하는지를 연구한다. 전체 경제의 측면에서 소비는 한 국가의 소득 중 상당 부분을 차지한다.

지금까지 소비 수준에 대한 다양한 설명이 제시되어 왔다. 영국 경제학자인 존 메이너드 케인스는 사람들이 추가적으로 소득을 얻으면, 그중 일부를 소비하고, 나머지를 저축한다고 말했다. 만약 소득이 0이라고 해도 저축해 놓은 돈을 이용하거나 돈을 빌려서 약간의 돈을 소비한다. 또 다른 이론은 사람들이 현재의 소비와 미래의 소비 사이에서 어떻게 결정을 내리는지에 주목한다. 소비자들은 미래 지향적인 접근 방법을 가지고 있어서, 오늘 소득이 높다고 소비를 늘리지 않는다. 소득 증가가 일시적이라면, 만약을 위해 추가 소득을 저축한다.

/ Consumption

정부 지출

정부 지출은 현대 경제적 사회 대부분에서 GDP의 상당 부분을 차지한다. 미국이나 영국과 같은 시장경제에서 정부 지출은 국가 수입의 40퍼센트를 차지한다. 역사적으로 경제가 발전하면서 정부는 다양한 업무를 수행했고, 이들 업무는 계속 복잡해졌다. 나라에서 제공하는 교육은 크게 확대되었고, 정부는 더 많은 의료 서비스를 제공하게 되었으며, 실업자, 노약자, 연장자를 위해서 복지 시스템이 만들어졌다.

국방, 병원, 도서관, 교육 등에 대한 정부 지출은 모두 GDP로 계상된다. 정부 지출의 상당 부분을 차지하는 또 다른 분야는 연금이나 실업수당 같은 복지 시스템이다. 경제학자들은 이를 두고 '이전 지출transfer payment'이라고 부른다. 예를 들어 간호사가 받는 급여와 달리, 이전 지출은 또 다른 경제적 산출물로 바뀌지 않는다. 이 경우에는 한 사람의 구매력을 다른 사람에게 단순하게 이전하는 것이다. 따라서 GDP에 포함되지 않는다.

/ Government spending

총수요 및 총공급

총수요는 가격수준과 요구되는 산출량 사이의 관계이다. 총공급은 산출물의 공급을 가격과 연결한다. 이 두 가지가 함께 경제에서 산출량과 가격을 결정한다. 가격이 낮으면, 소비자들의 구매력이 개선되기 때문에 총수요는 높아진다. 낮은 가격은 다시 금리를 낮추기 때문에 투자를 촉진한다. 많은 경제학자들이 총공급은 장기적으로 가격의 영향을 받지 않는다고 믿는다. 잠재적인 생산량은 실질적인 자본, 노동력, 재화 생산을 위한 기술에 따라 달라지기 때문이다. 단기적으로는 가격이 높으면 공급을 촉진할 가능성이 있다. 하지만 오래 계속되지는 않는다.

총수요의 관계는 변화한다. 원유 가격이 하락하면, 각 단계마다 수요를 늘릴 수 있다. 수요가 늘어나면 장기적으로는 총공급이 영향을 받지 않기 때문에, 유일한 영향은 가격 상승뿐이다, 단기적으로는 생산량이 늘어날 가능성이 있다. 공급이 가격에 영향을 받지 않는다면, 생산량을 장기적으로 늘릴 수 있는 유일한 방법은 투자이다.

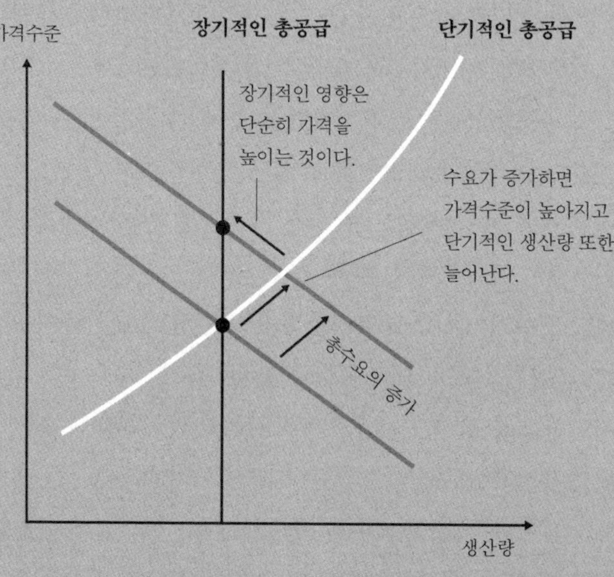

총수요 증가는 단기적으로 생산을 자극할 수 있지만,
시간이 흐르면 가격 인상으로 느껴진다.

호황, 폭락, 불황

지난 수십 년 동안 경제는 계속 성장 추세를 보였다. 하지만 전반적인 성장세 속에서 햇수의 변화에 따라 성장의 등락을 거듭했다. 어떤 해에는 성장이 추세보다 덜하고, 어떤 해에는 추세를 상회했다. 결과적으로 경제는 호황과 폭락을 연속적으로 겪는데, 이를 가리켜 경기순환이라고 한다. 폭락을 뜻하는 기술적인 용어는 경기후퇴이다. 이때는 몇 개월 동안, 혹은 그보다 긴 기간 동안 생산량이 감소한다. 심각한 경기후퇴는 불황이라고 불리며, 몇 년 동안 지속된다. 또 생산량이 가파르게 감소하고, 실업률이 크게 증가한다.

경기순환은 다양한 형태를 갖는다. 어떤 때는 V자 형태를 그리는데, 경기가 가파르게 하락하고 회복한다. 어떤 경우는 W자 형태로, 경기가 나빠졌다가 회복한 다음 다시 후퇴하는 '더블딥double-dip' 불황이 나타난다. 경제학과 관련한 아이디어의 대부분은 경기순환을 설명하고, 이들을 완만하게 만들기 위한 정책을 찾는 것이다. 그중에서도 특히 불황을 피하는 것이 목적이다.

/ Boom, bust and depression

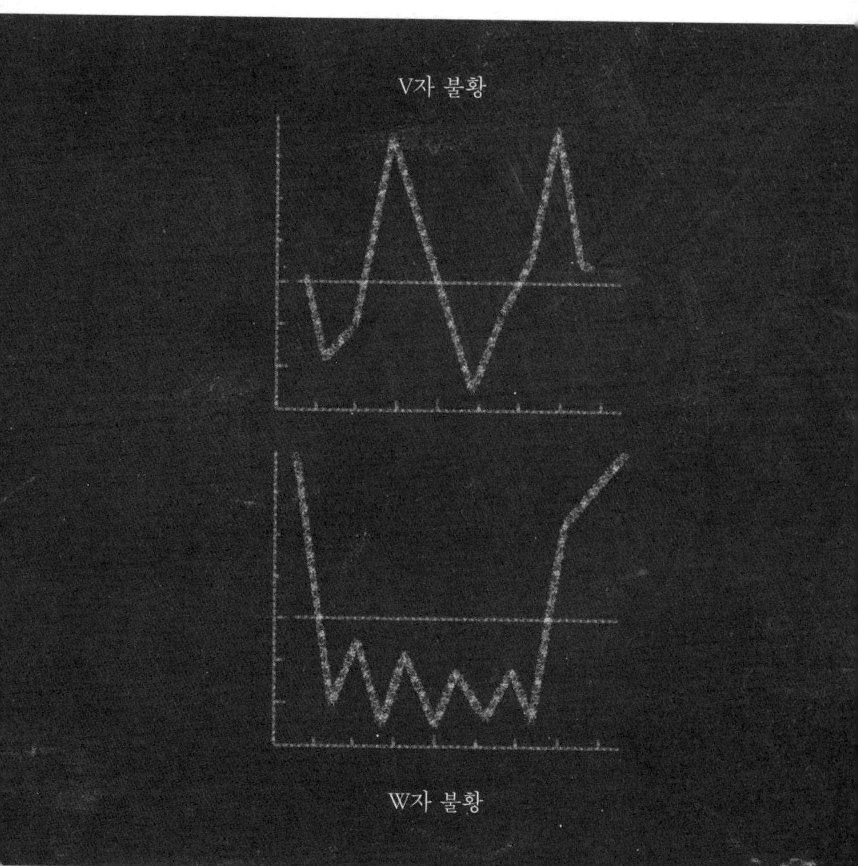

실업과 비용

실업률은 사람들이 가장 우려하고 정치적으로도 가장 민감한 경제적인 변수일 것이다. 확실한 것은 실업이 상당한 고통을 초래한다는 것이다. 일자리를 잃은 사람들은 경제적인 어려움과 불행을 경험한다. 가끔 실업은 유동적인데, 사람들이 일자리를 전전하기 때문이다. 그중에서도 장기간 동안 실업 상태인 사람들이 가장 큰 고통을 겪는다.

실업률이 높으면 자원이 유휴 상태라는 뜻도 된다. 불황 동안에는 수요가 줄면서 기계와 공장의 가동이 줄어든다. 실업은 가장 초미의 관심사이다. 장기간 동안 높은 실업률이 계속되면, 노동자들이 계속 일을 했다면 생산되었을 재화와 서비스를 잃게 된다. 장기 실업을 겪는 사람들 역시 기술이 도태되고 사기가 저하되어서 더 일자리를 찾기 어려운 악순환의 고리에 빠진다.

/ Unemployment and its costs

자연 산출량

정부는 자주 단기적으로 산출량을 높이고, 실업을 줄이기 위해서 노력한다. 하지만 대다수 경제학자들은 장기적으로 적용되는 생산 및 고용의 자연적인 수준(자연 산출량 및 자연 실업률)이 존재한다고 믿는다. 이 개념과 관련된 아이디어 한 가지는 정부가 인플레이션을 유발하지 않는 이상 장기간 동안 산출량 및 고용률을 자연스러운 수준 이상으로 유지할 수 없다는 것이다.

재화와 서비스를 생산하는 능력에 영향을 미치는 것은 무엇이든 자연 산출량 및 자연 실업률에 장기적으로 영향을 미친다. 생산을 위한 기본 투입 요소(노동과 자본)의 공급이 증가하면 경제의 능력이 개선되고, 상승한다. 노동자가 가진 기술의 집합도 마찬가지이다. 시간이 흐르면 기술 발전은 경제의 자연 산출량에도 상당한 영향을 미친다. 시장이 가지고 있는 조절 능력 역시 자연 산출량에 영향을 미친다. 1980년대 경제정책의 원동력 중 하나는 시장의 규제를 줄이면 생산이 더 쉬워진다는 아이디어였다.

/ The natural rate of output

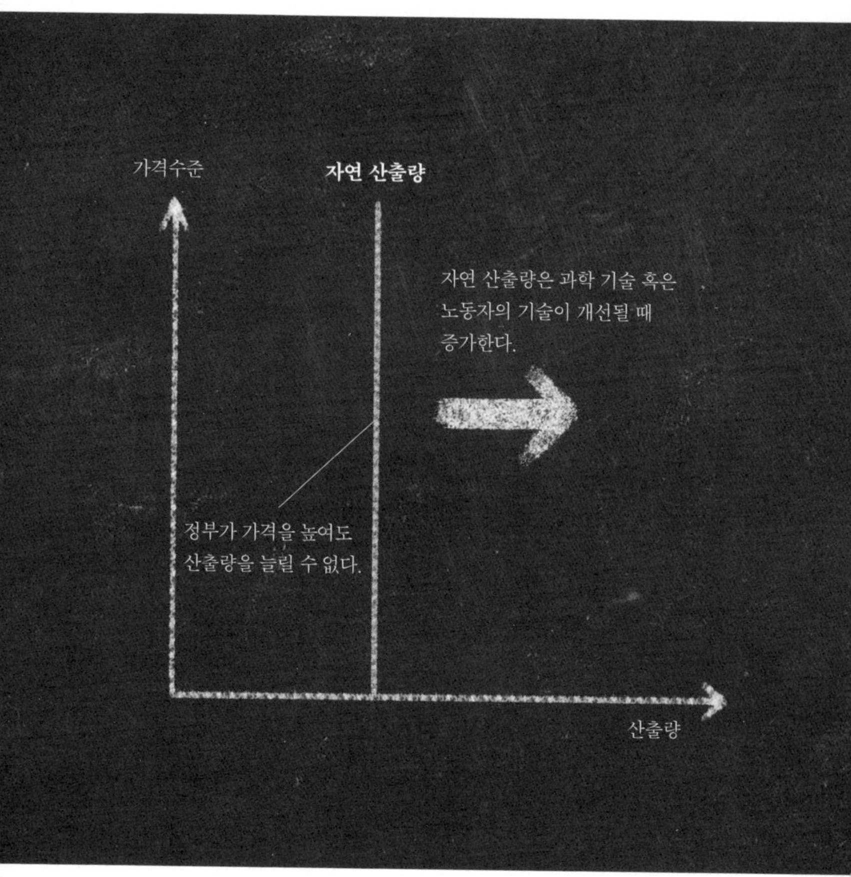

마찰적실업과 구조적실업

실업의 원인은 다양하다. 경제가 불황을 겪으면 여러 노동자들이 일자리를 잃는다. 하지만 경제가 건전할 때도 실업은 존재한다. 이때는 마찰적실업이라는 형태로 실업이 존재하는데, 노동자들이 일자리나 경력을 바꾸는 과정에서 발생한다. 노동시장이 일자리에 노동자를 곧바로 배치할 수 없기 때문에 '마찰'에 의해서 발생하는 실업이다.

경제는 끊임없는 변화의 상태 속에 있다. 기업은 새로운 상품을 개발하고, 또 어떤 상품은 판매를 중단한다. CD가 판매되었을 때, 카세트테이프는 구식이 되었다. 테이프를 만드는 노동자들은 해고를 당했지만 경제성장 덕분에 다른 분야의 일자리를 재빨리 얻을 수 있었다. 아마도 CD를 만드는 제조업체에 취직한 사람도 많을 것이다. 하지만 그렇더라도 새로운 일자리를 찾고 확보하기 위한 시간이 필요하다. 변화에는 시간이 소요된다. 어떤 지역에서 노동자들 대부분이 하락하는 산업에 종사하고 있다면, 새로운 일자리를 찾기 어려울 것이다. 경제학자들은 이러한 장기 실업 상태를 '구조적실업'이라고 부른다.

/ Frictional and structural unemployment

구식 산업이 폐쇄될 때 노동자들은 새로운 일자리에 적응하지 못하고 실업은 계속된다.

필립스곡선

1950년대에 뉴질랜드 출신의 경제학자 빌 필립스는 인플레이션과 실업률의 역관계를 확인했다. 인플레이션이 높으면 실업률은 낮고, 인플레이션이 낮으면 실업률이 높았다. 경제가 호황일 때는 많은 사람들이 일을 하고, 수요는 증가하며, 재화와 서비스에 대한 수요 증가가 가격 상승으로 이어지기 때문에 이러한 관계가 생긴다. 반대로 실업률이 높으면, 경제는 불황을 겪고, 재화에 대한 수요는 약해서 가격도 하락한다.

2차 세계대전 후 상당한 기간 동안 경제학자들은 필립스곡선을 이용해서 실업과 인플레이션 사이에서 장기적으로 안정된 상태를 얻으려고 노력했다. 정부가 금융 및 통화정책을 이용해서 경제활동을 조절하면, 실업률은 낮추고 인플레이션은 약간 높이거나 혹은 그와 반대인 지점을 필립스곡선에서 골라낼 수 있다고 믿었다.

/ The Phillips curve

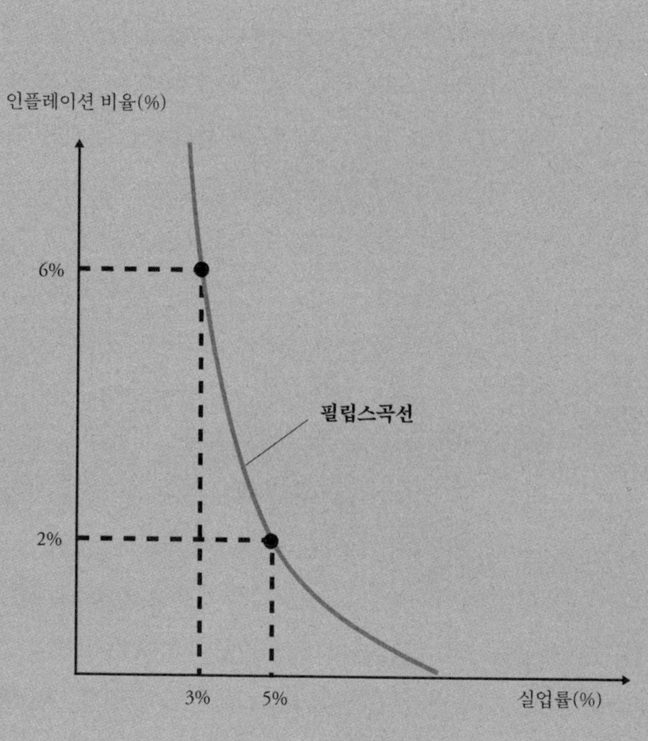

스태그플레이션

스태그플레이션은 1970년대 두 가지 병폐를 설명하면서 사용되었던 용어이다. 당시는 지속적인 인플레이션과 실업, 이렇게 두 가지 문제가 있었다. 이전까지 경제학적 사고방식의 상당 부분은 높은 인플레이션이 낮은 실업률과 공존한다는 필립스곡선을 기반으로 했다 〔p. 204〕. 하지만 1970년대에 실업률과 인플레이션이 함께 상승하면서, 필립스곡선과 상충했다.

새로운 이론들(밀턴 프리드먼이 그중 가장 두드러졌다)은 필립스곡선이 장기적으로 유지된다는 주장을 반박해서 당시 상황을 설명하려고 했다. 경제학자들은 정부가 지출을 늘려서 경제를 촉진할 수 있고, 실업률은 낮추고 인플레이션은 높일 수 있다고 믿었다. 프리드먼은 높은 인플레이션으로 노동자들이 실질임금이 낮다는 사실을 깨닫고 일할 의지를 잃는다고 주장했다. 노동 공급은 하락하고 경제는 이전의 실업 상태로 되돌아가며, 이때 인플레이션도 높게 유지된다는 설명이다. 새로운 시각에 따르면 낮은 실업률을 유지할 수 있는 방법은 더 높은 인플레이션뿐이라고 한다.

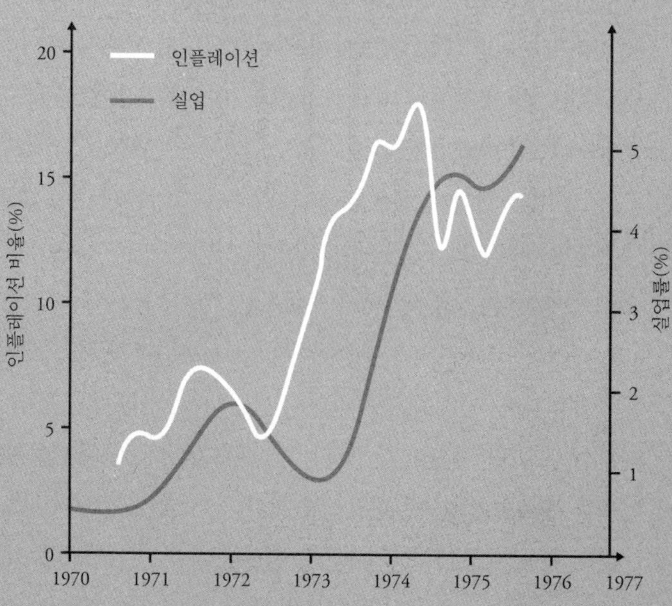
스태그플레이션에서는 실업과 인플레이션이 동반 상승한다.
1970년대 호주 경제에서 이런 상황을 확인할 수 있다.
인플레이션
실업
인플레이션 비율(%)
실업률(%)
0
5
10
15
20
1
2
3
4
5
1970
1971
1972
1973
1974
1975
1976
1977

히스테리시스

경제학자들은 자연 실업률〔p.200〕의 관점에 따라 자본, 기술의 상태 및 여러 가지 조건에 따라 장기적인 산출량의 수준이 결정된다고 생각한다. 경제가 이런 자연적인 수준 주변에서 등락을 보인다는 것이다. 불황에는 실업률이 단기적으로 자연적인 수준 아래로 하락했다가 이후 복구된다. 이 자연적인 비율은 안정적이며, 현재의 실질적인 실업률에 영향을 받지 않는다.

히스테리시스의 상황은 다르다. 현재의 실업률이 높으면, 장기적인 자연 비율도 상승한다. 이때 실업은 유휴 자원이 늘면서 일어나는 단기적인 문제(그렇다면 자원의 활용이 늘면 노동자들은 다시 배치되어야 한다)가 아니다. 그보다 경제 저변에 존재하는 생산 능력이 망가지면서 발생하는 더 심각한 문제이다. 이런 상황이 발생하는 한 가지 이유는 노동자들이 너무나 오래 실업 상태를 거치면서, 이들이 가진 기술과 일을 하려는 욕구가 크게 저하되어 계속 실업 상태로 남아 있는 것이다.

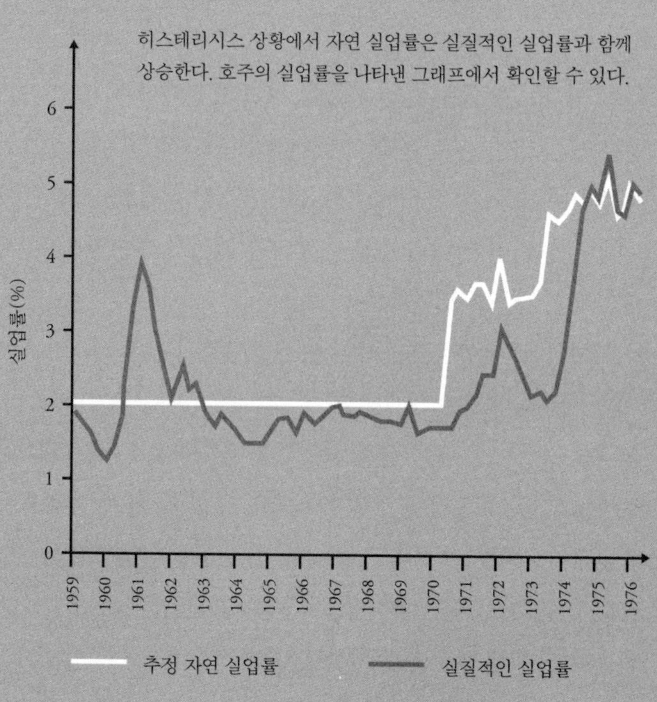
히스테리시스 상황에서 자연 실업률은 실질적인 실업률과 함께
상승한다. 호주의 실업률을 나타낸 그래프에서 확인할 수 있다.
실업률(%)
0
1
2
3
4
5
6
1959
1960
1961
1962
1963
1964
1965
1966
1967
1968
1969
1970
1971
1972
1973
1974
1975
1976
추정 자연 실업률
실질적인 실업률

유동성 함정

경제학자 중 일부는 국가의 금융정책이 비효율적으로 변하는 유동성 함정에 빠지는 나라들이 있다고 주장한다. 일반적으로 불황 중에 정부는 금리를 인하해서 투자를 늘리고, 경제를 부양하려고 한다. 하지만 금리가 이미 낮은 상태라면, 더 이상 금리를 인하할 수가 없다. 이 경우, 통화팽창 정책〔p. 248〕은 경기회복에 아무런 도움이 되지 못한다. 늘어난 돈을 투자를 지원하기 위해서 대여하는 대신에 현금으로 보유한다.

1990년대 일본의 경제 상황을 유동성 함정으로 볼 수 있다. 당시 금리는 낮았고, 경제는 정체되었다. 또 지난 몇 년 동안의 경제 불황에서 선진국들이 유동성 함정에 빠졌었다는 주장도 있다. 유동성 함정을 해결하기 위한 한 가지 방법은 인플레이션이다. 명목 금리가 0 이하로 떨어지지 않지만, 인플레이션으로 실질금리를 마이너스로 만들 수 있기 때문이다. 그렇게 되면 투자를 격려해서 경제를 자극할 수 있다.

/ Liquidity trap

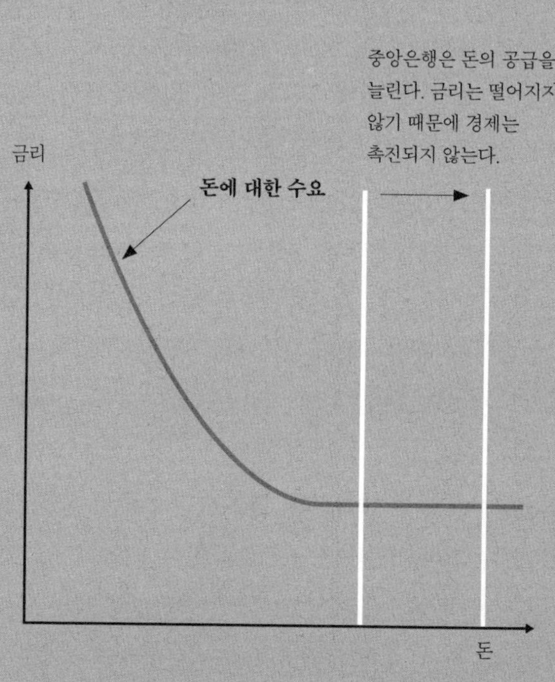

인플레이션의 단점과 장점

모든 가격과 수입이 3퍼센트 상승하면 누구도 피해를 보지 않을 것이다. 그렇다면 왜 인플레이션이 나쁘다고 하는 것일까? 인플레이션은 돈의 가치를 갉아먹는다. 그렇기에 인플레이션의 단점 중 하나는 현금이 부족해, 은행에 자주 가야만 한다는 것이다. 또 기업은 재화의 가격을 다시 정해야 하는 번거로움이 있다. 가격 재정비가 시간차를 두고 일어나면 제품의 상대적인 가격이 변화하고, 시장은 상대적인 가격에 반응하므로 인플레이션이 가격을 왜곡하고 효율성을 망가뜨린다. 인플레이션의 또 다른 단점은 불확실성이다. 인플레이션이 높으면, 가격 변동성도 높아진다. 그렇게 되면 투자 결정을 내리기가 더 어려워진다. 이 모든 단점은 인플레이션이 낮고 안정적일 때는 드러나지 않다가 하이퍼인플레이션에서 경제를 황폐화한다〔p. 220〕.

하지만 인플레이션은 건전하게 성장하는 경제의 신호이기도 하며, 불황에서 경제가 회복될 때 나타나는 과정 중 하나이다. 실질금리와 실질임금을 낮추어서 투자와 노동자의 수요를 자극하는 데 도움이 된다.

2008년 짐바브웨를 강타한 인플레이션은 월 상승률이 800억 퍼센트로 추정되었고, 결국에는 통화 폐지로 이어졌다.

초과수요 인플레이션과 비용 상승 인플레이션

인플레이션의 원인은 전반적인 수요(초과수요)와 공급(비용 상승)의 수준 때문인 경우가 많다. 경제가 완전 가동에 가깝고, 재화에 대한 수요가 증가한다고 가정해 보자. 소비자가 수요를 늘리고, 지출을 늘리려는 정부도 수요를 늘리고, 심지어 해외 거주자들까지 더 많은 수출을 요구한다. 이 경우 단기적으로 경제가 새로운 재화를 생산하지 못하면, 재화가 부족해진다. 따라서 부족한 재화에 너무 많은 현금이 몰리고, 그 결과 가격이 상승한다.

인플레이션의 또 다른 원인은 경제의 공급 능력이 방해를 받기 때문이다. 기업이 원자재나 노동을 투입하는 데 드는 비용이 증가할 때 발생하는 현상이다. 기업이 현재의 생산량을 유지하면 순익은 하락하고, 비용 상승은 결국 가격 상승으로 이어진다. 1970년대 인플레이션은 원유 파동의 비용 상승 인플레이션과 관계가 있었다.

/ Demand-pull and cost push inflation

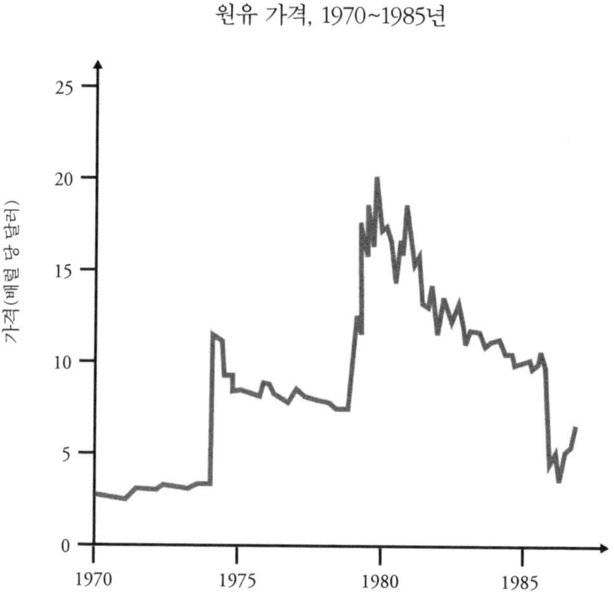

생활비

코코아 농사가 흉작이면, 코코아 가격이 자연스럽게 상승한다. 코코아에 가진 돈을 몽땅 쓰는 사람은 없을 것이므로, 코코아 가격이 상승해도 전반적인 생활비가 상승하지는 않는다. 한편 다른 가격은 오히려 하락할 수도 있다. 인플레이션에서 그렇듯이, 소비자들이 구매하는 재화의 상당수가 동시에 상승하면 생활비가 상승한다.

소비자가격지수는 생활비 상승을 포착하기 위한 방법이다. 계산 방법은 일반적으로 소비자들이 구매하는 재화(사과, 셔츠, 전기, 버스 운임 등)를 모아 하나의 바구니에 넣고 총비용을 측정하는 것이다. 시간에 따른 생활비의 변화는 다른 해의 바구니 비용을 비교해서 추적할 수 있다. 이 방법에서 복잡한 점은 시간의 변화에 따라서 바구니에 들어가는 재화가 달라진다는 것이다. 1850년에는 바구니에 램프 오일과 초가 포함되었지만 1980년에는 전기와 텔레비전으로 대체되었다.

1980년

10.00달러

2010년

33.00달러

통화수량설

어느 날 모든 사람이 현금으로 1만 달러를 받았다고 가정해 보자. 사람들은 상점으로 달려가 횡재수로 얻은 돈을 쓰려고 하겠지만, 상점에 있는 재화는 전과 똑같은 양이다. 갑작스럽게 모든 사람들이 돈을 얻으면서 제한된 공급을 쫓게 되었기 때문에 가격이 상승한다. 이것이 바로 통화수량설의 기본 아이디어이다. 아주 간단하게 표현하면, 돈의 공급이 두 배가 되면, 그만큼 가격도 상승한다.

이 이론에 담긴 의미는 돈의 공급이 달라져도 실물경제에는 영향이 없다는 것이다. 실질적으로 돈이 경제에 미치는 영향은 통화수량설보다 훨씬 복잡하다. 일각에서는 통화의 공급이 늘면 특히 단기적으로 경제의 산출에 영향을 미친다고 주장한다. 그럼에도 불구하고 통화수량설은 실질적인 경제적 변수(실제 재화와 서비스)와 명목상 변수(돈으로 표현되는 것) 사이의 차이를 설명하는 데 도움이 된다.

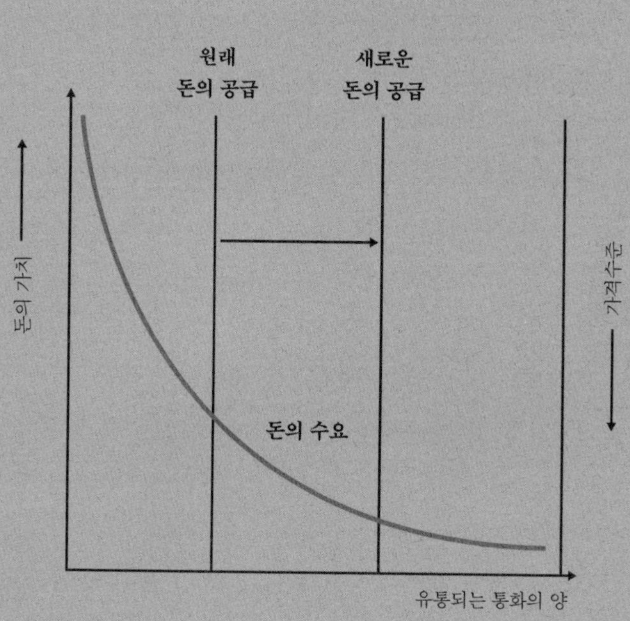

가격이 높으면, 재화를 구매하기 위해서 더 많은 돈을 지불해야 한다.
돈의 공급이 증가하면, 돈의 가치는 하락하고 가격은 상승한다.

하이퍼인플레이션

하이퍼인플레이션의 정의는 한 달 내 인플레이션 비율이 50퍼센트 이상일 때이다. 이 정도 수준의 인플레이션이라면 전체 경제가 붕괴할 수도 있다. 하이퍼인플레이션은 주로 끔찍한 금융 상황에서 정부가 지출 요구를 충족하기 위해서 너무 많은 돈을 찍어 낼 때 발생한다. 정부의 예산 적자가 상당하거나 부채가 너무 많지만, 세금을 올리거나 돈을 빌릴 수 없을 때이다〔p. 270〕. 1920년대 독일이 겪은 하이퍼인플레이션도 같은 조건에서 발생했다.

일반적인 경제 상황에서도 돈을 찍어 내는 것은 정부의 수익이다. 이는 인플레이션으로 이어지기 때문에 '인플레이션 과세'라고 불리기도 한다. 하이퍼인플레이션에서는 이 과정이 너무 방대하고 빨라서, 통화 체계가 붕괴된다. 돈의 가치가 너무 빨리 사라지기 때문에 사람들은 돈을 즉시 써 버리고, 재산과 해외 통화는 가능한 오래 보유하려고 한다. 손수레에 돈을 가득 담고 가게에 가는 모습은 하이퍼인플레이션이 만들어 낸 경제 붕괴가 만든 풍경이다.

1930년 하이퍼인플레이션 동안 독일 당국은 수천만 마르크의 가치를 지닌 지폐를 찍어 내야 했다.

합리적인 기대

최근 몇 십 년 동안 경제학자들은 구매자와 판매자가 미래를 어떻게 예측하는지에 대해 관심을 가졌다. 부동산 대출을 받아야 할지, 대학에 가야 할지, 새로운 공장의 위치는 어디로 정해야 할지 결정을 내릴 때 사람들은 경제의 향후 방향을 예측한다. 금리가 상승하지 않을 것이라고 생각한다면, 고정 금리로 부동산 대출을 받는다.

사람들은 어떻게 예측을 할까? 대략적인 잣대를 사용하는 방법이 있다. 예를 들어 올해 인플레이션을 보고 다음 해 인플레이션을 가늠한다. '합리적인 기대' 이론은 그보다 더 정교한 방법에 대해서 설명한다. 사람들이 사용 가능한 모든 정보와 정확한 경제 모델을 이용해서 경제 변수의 이동을 예측한다는 것이다. 그렇지 않을 경우 최적의 결정을 내릴 수 없다. 합리적 기대는 정부의 정책에 상당한 영향을 미친다. 하지만 사람들이 정말 정확하게 미래를 예측하는 능력을 가지고 있는지에 대해서는 의문이 많다.

/ Rational expectations

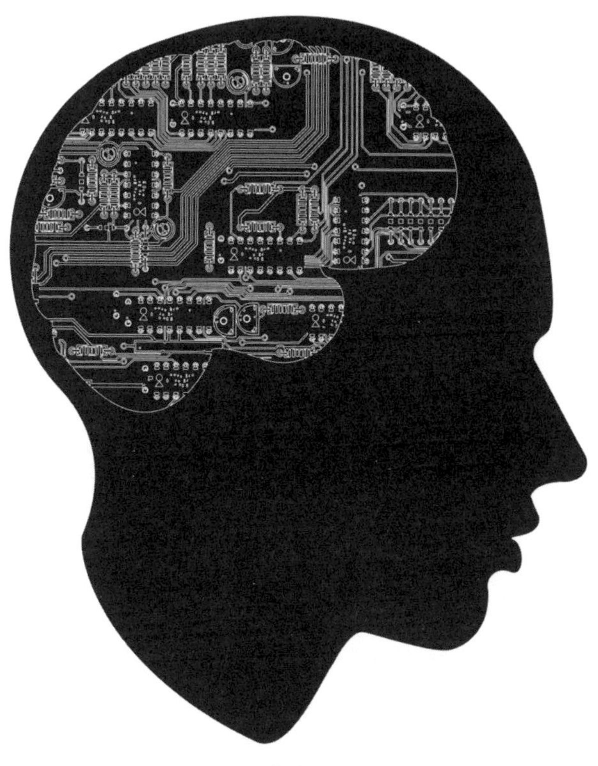

생애 주기와 항상소득

만약 사람들이 이성적이라면 매달 벌어들이는 소득이 아니라 평생의 금융 흐름에 따라서 얼마나 많은 돈을 저축하고, 얼마를 소비해야 할지 결정해야 한다. 생애 주기 가설은 사람들이 시간의 흐름에 따라 꽤 지속적으로 소비를 조정하고, 대출과 저축으로 소비 흐름을 관리해야 한다고 주장한다. 젊을 때는 노후를 대비해 저축을 해야 한다. 나이가 들면 저축으로 소비를 충당해야 한다.

항상소득은 이와 관련된 아이디어이다. 개인의 자산 및 기술과 관련해 평생 벌어들일 돈을 예측하는 것이다. 우연히 횡재수가 생기면, 영구적으로 소득이 늘어난 것이 아니라 일시적인 것으로 인식한다. 그래서 추가 소득을 써 버리는 것이 아니라 저축해야 한다. 마찬가지로 소득이 일시적으로 줄었을 때 돈을 빌리거나 저축된 돈을 사용할 수도 있다. 이 이론에서 소비를 늘이거나 줄일 수 있는 원인은 장기적인 항상소득이 변화했을 때밖에 없다.

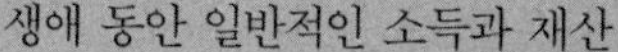
생애 동안 일반적인 소득과 재산

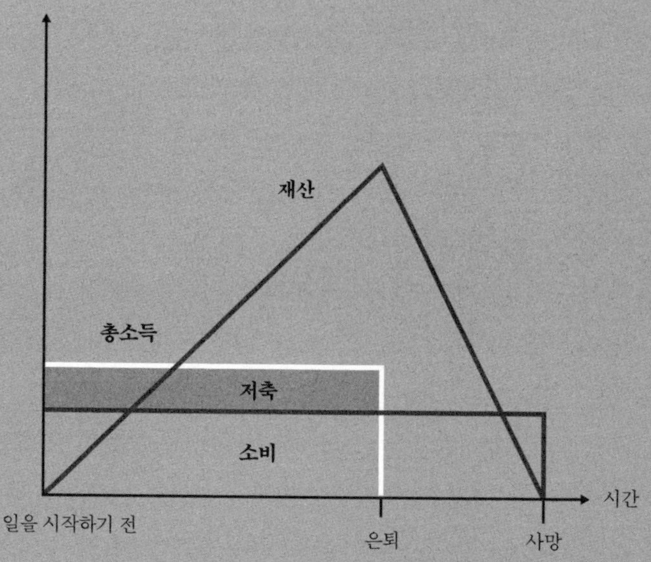
재산
총소득
저축
소비
시간
일을 시작하기 전
은퇴
사망

케인스 승수

메리의 숙모가 메리에게 생일 선물로 20파운드를 주었다. 메리는 이 돈으로 정원을 꾸밀 식물을 구매했다. 꽃가게는 20파운드를 얻었고, 이 소득 중 일부는 상점 직원에게 급여로 지불되었다. 상점 직원은 급여 중 일부로 샌드위치를 샀고, 샌드위치 가게는 받은 돈으로 토마토를 샀다. 메리가 가지고 있던 20파운드는 경제의 여러 부분을 거치면서 다양한 소비로 바뀌었고, 처음 메리가 구매했던 식물 이상의 재화와 서비스를 요구하게 되었다. 이것이 바로 케인스의 '승수' 아이디어이다.

개인 혹은 기업은 소득의 일부를 소비하기 때문에, 메리가 가지고 있던 20파운드는 시간이 갈수록 그 효과가 줄어든다. 하지만 그 전에 40파운드 정도의 경제 가치를 발생시킨다. 케인스는 특히 정부의 지출이 승수효과를 활용할 수 있다는 점에 흥미를 가졌다. 정부는 다양한 구매를 촉발하고, 그 결과 지출보다 더 큰 경제 부양 효과를 끌어낼 수 있다.

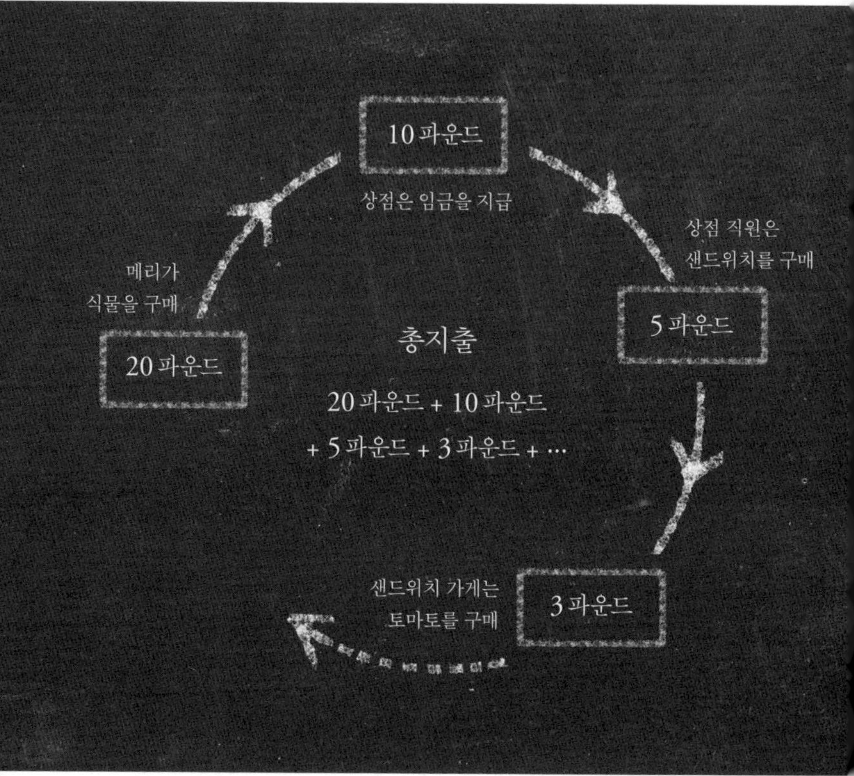
10 파운드
상점은 임금을 지급
상점 직원은
샌드위치를 구매
5 파운드
3 파운드
샌드위치 가게는
토마토를 구매
20 파운드
메리가
식물을 구매
총지출
20 파운드 + 10 파운드
+ 5 파운드 + 3 파운드 + …

자동안정장치

가끔 정부가 지출과 세금을 적극적으로 조정해서 경제순환을 조절하려고 노력할 때가 있다. 또한 정부의 지출 및 세금 구조가 자동안정장치를 만들어서 적극적인 정부의 개입이 없을 때에도 경제의 변동성을 줄이기도 한다.

불황 중에는 경제활동이 줄어든다. 소득이 감소하면 정부의 세금도 적게 걷힌다. 특히 소득세가 크게 감소한다. 소득이 높으면 세율이 높아지고 소득이 감소하면 평균 세율이 감소한다. 노동자들이 해고를 당하면, 정부는 실업수당을 지급해야 하기 때문에 지출이 늘어난다. 경제를 부양하고 불황을 완화하기 위해서 자동적으로 지출은 늘고 세금은 줄어든다. 반대로 경기가 회복될 때는 소득이 늘면서 세금이 더 많이 걷힌다. 실업수당 지출이 줄면서 정부의 지출도 줄어든다. 이때는 자동안정장치가 반대로 작동한다.

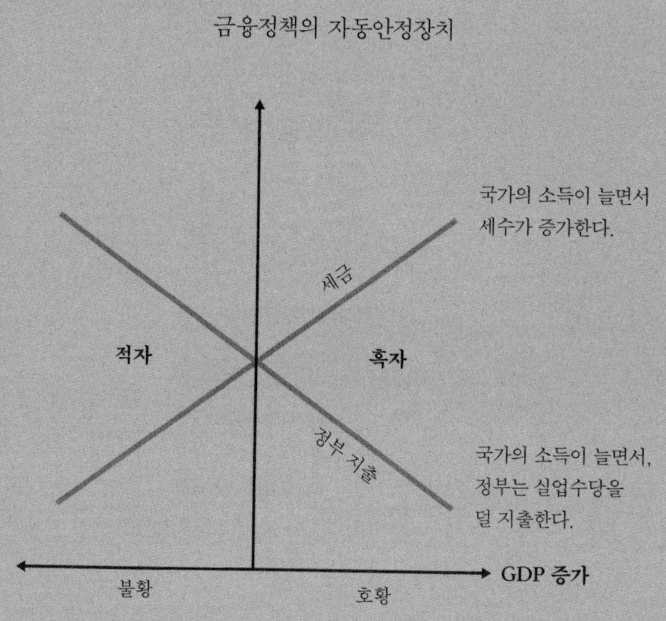
금융정책의 자동안정장치
국가의 소득이 늘면서
세수가 증가한다.
세금
적자
흑자
정부 지출
국가의 소득이 늘면서,
정부는 실업수당을
덜 지출한다.
GDP 증가
불황
호황

실물 경기변동 이론

경제학자들 대부분은 시장이 불완전해서 경기 호황과 불황이 발생한다고 비판한다. 케인스는 경기 불황 중에 노동자의 임금이 더디게 적응한다고 설명한다. 경제는 계속되는 실업으로 잠재적인 생산량 이하에서 벗어나지 못한다. 그러나 일부 경제학자들은 이런 마찰을 고려하지 않는 설명을 제안한다. 실물 경기변동 이론은 모든 시장이 완벽하게 기능하고(가격을 빠르게 조정해서 공급과 수요를 일치시킨다) 기업과 개인은 이성적이라고 추정한다. 결과적으로 경제는 언제나 사용 가능한 생산수단이 허용하는 장기적인 산출량의 수준에 의해서 유지된다.

그렇다면 경기순환은 이처럼 장기적으로 수준이 변화하기 때문에 발생한다. 새 기술이 개발되어 생산성이 개선되었다고 가정해 보자. 호황을 맞아 산출량과 고용은 경제의 실질적 특성에 의해 증가한다. 비판도 가능하다. 기술은 장기 현상인데 몇 년에 한 번씩 일어나는 경기순환을 설명할 수 있을까? 마지막으로 기술 발전은 호황을 촉진하지만, 기술의 후퇴가 불황을 동반하는 것처럼 보이지 않는다.

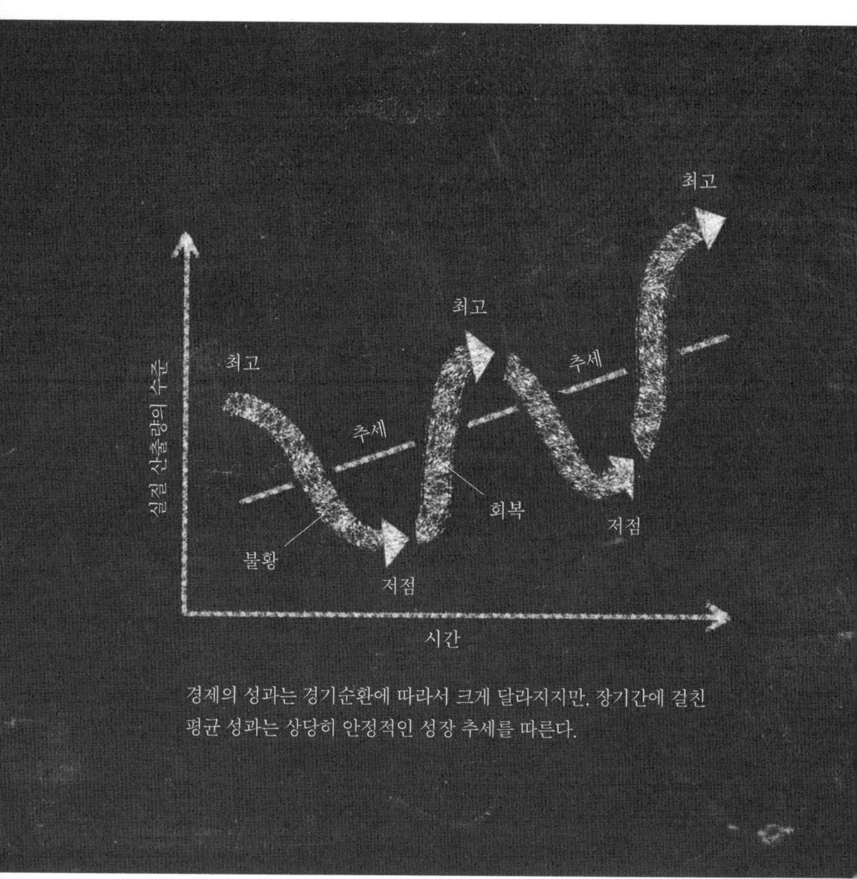

경제의 성과는 경기순환에 따라서 크게 달라지지만, 장기간에 걸친 평균 성과는 상당히 안정적인 성장 추세를 따른다.

통화 중립성

종종 사람들은 경제학을 돈과 금융에 대한 연구라고 생각한다. 사실 더 근본적인 목표는 컴퓨터, 파인애플, 저녁에 먹을 코스 요리, 심장 수술 등 '실질적인 재화'의 생산과 할당을 분석하는 것이다. 어떤 경제학자들, 특히 고전학파라고 불리는 학자들은 돈이 경제의 실질적인 활동을 가리는 장막이나 다름없다고 생각한다.

이는 통화 중립성의 아이디어로 이어진다. 돈이 실물경제에 영향을 미치지 못한다는 개념이다. 만약 통화 공급이 두 배로 늘어나면, 그 영향에 따라 가격도 두 배로 상승해야 한다. 하지만 생산과 고용 수준 면에서 어떤 일도 일어나지 않는다(p.218). 통화 중립성은 실물경제와 화폐경제(돈)를 구분하는 '고전적 이분법classical dichotomy'을 지지한다. 반대로 케인스 이론은 돈이 경제의 실물에 어떻게 영향을 미치는지를 관찰한다. 대부분의 경제학자들은 단기적으로는 영향이 있지만, 장기적으로는 통화 중립성이 유지된다는 의견을 수용하고 있다.

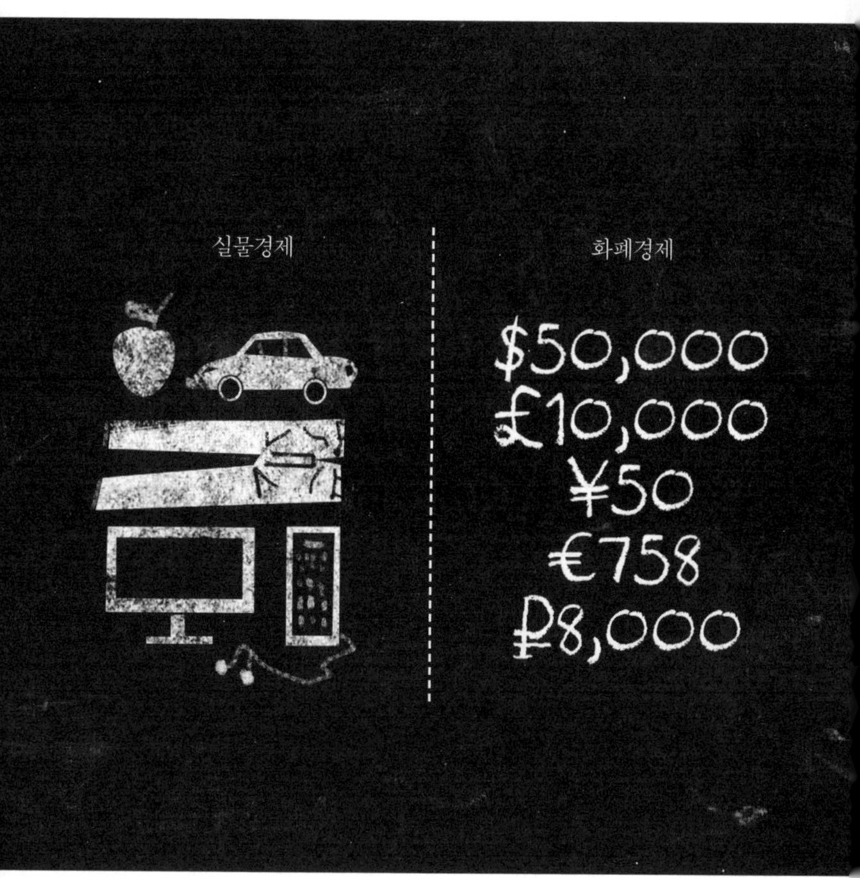
실물경제
화폐경제
$50,000
£10,000
¥50
€758
₽8,000

정치적 경기순환

일부 경제 모델은 경기순환을 정치적인 요소와 연결한다. 현대 민주주의국가에서 정부는 유권자를 기쁘게 해야 권력을 유지할 수 있다. 따라서 경제가 좋지 않으면 정부는 선거에서 패할지도 모른다. 정부는 기업 및 개인과 마찬가지로 이성적으로 미래를 예측한다. 그래서 권력 유지를 위한 기회를 극대화할 수 있다면 무엇이든 한다. 선거 때까지 정부는 경제를 되살려야 하는 강력한 인센티브를 갖는다.

경제를 부양하기 위해서는 지출을 늘리는 방법이 있다. 병원, 학교, 인프라에 대한 투자를 늘릴 수 있다. 세금을 낮추어서 유권자의 구매력을 늘리는 방법도 있다. 금리를 인하해서 투자를 촉진할 수도 있다. 이들 방식은 경제를 촉진시키지만, 향후에 인플레이션이나 정부 적자〔p.270〕 등 문제를 초래할 수도 있다. 일단 권력을 확보하면 정책은 줄어든다. 따라서 정부는 정치적인 목적으로 경기순환을 만들어 낼 가능성이 있다.

/ The political business cycle

노동의 수요

사탕 가격이 그렇듯이 노동자 임금도 수요와 공급에 의해서 결정된다. 기업은 노동력을 요구한다. 하지만 이런 요구는 사탕에 대한 요구와는 다르다. 노동은 소비의 최종 재화가 아니라, 생산을 위한 투입 요소이기 때문이다. 식당은 돈을 벌기 위해서 음식을 만드는 요리사를 고용한다. 식당이 고용한 요리사의 수는 요리의 수익성과 연관된다. 요리사 한 명을 추가로 고용하면 생산하는 요리가 늘어나고, 식당의 순익은 증가한다. 노동의 한계생산물이다.

하지만 한계생산물은 요리사가 늘어나면 감소한다. 요리사가 적을 때에 비해서 많을 때는 한 명을 추가로 고용해도 큰 차이를 만들지 못한다. 그렇다면 식당은 요리사 몇 명을 고용해야 할까? 만약 임금이 30파운드이고, 한계 생산이 35파운드라면, 여전히 한 명을 고용해서 순익을 얻을 수 있다. 한계 생산이 임금과 똑같을 때 순익이 극대화된다. 만약 한계 생산이 상승하면 식당은 또 더 많은 요리사를 필요로 하게 된다. 한계 생산이 상승하려면 음식 가격이 높아지거나 어떤 기술이 개선되어야 한다.

/ Demand of labour

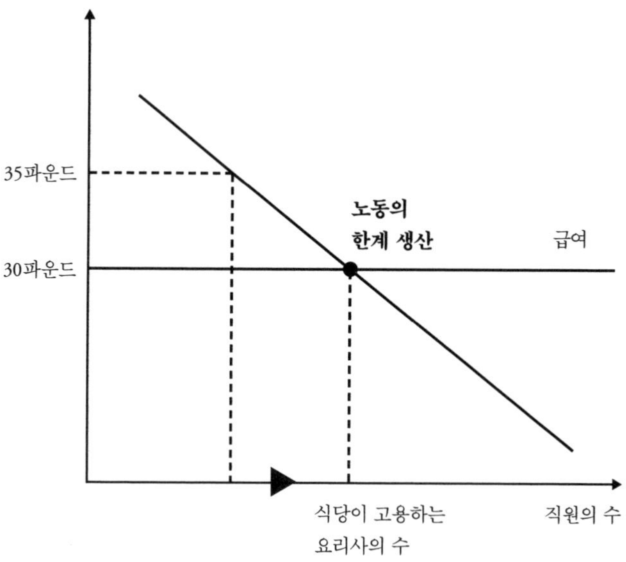

효율 임금

고용자들이 직원을 계속 관리하기는 어렵다. 그래서 노동자들의 생산성이 줄어들 가능성이 상당하다. 효율 임금 이론은 임금이 증가하면 그것이 노동자에게 인센티브가 된다는 생각을 기반으로 한다. 그래서 노동자의 임금은 생산성 향상을 위해서 올릴 가치가 있다. 높은 임금은 또한 일자리를 찾는 구직자의 수를 늘릴 수 있고, 그래서 구직자들의 무리가 형성된다. 임금이 높고 실업률이 줄어들기 시작하면, 노동자들은 근면해진다.

높은 임금이 효율성에 영향을 미치는 또 다른 이유는 잘 먹을 수 있기 때문이다. 이는 개발도상국에서 특히 중요한 문제이다. 효율적인 임금은 불황에도 임금율이 하락하지 않는 이유를 설명해 주기도 한다. 임금을 깎는 대신에 오히려 높게 유지하고 노동자를 더 고용하는 것이 기업에 유리하다.

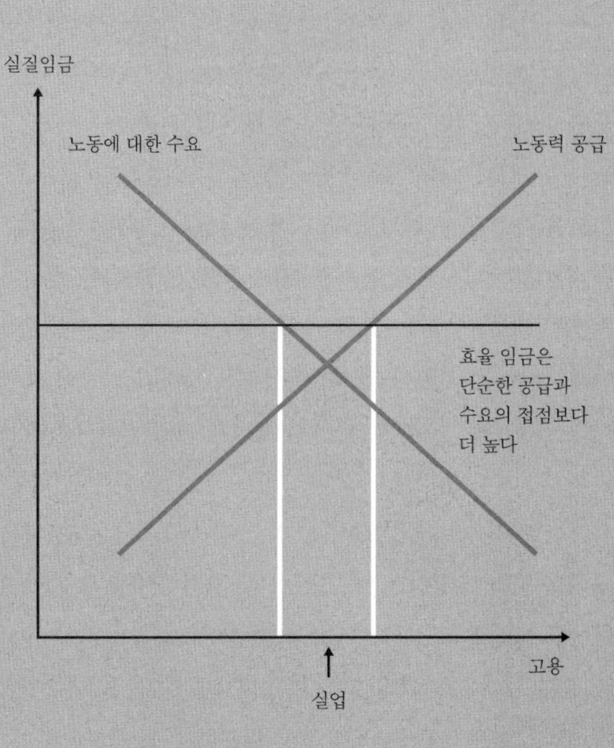
실질임금
노동에 대한 수요
노동력 공급
효율 임금은
단순한 공급과
수요의 접점보다
더 높다
고용
실업

임금과 가격의 경직성

케인스 경제학은 임금과 가격이 '끈끈sticky'하다는 아이디어를 바탕으로 한다. 예를 들어서, 노동에 대한 수요가 하락할 때 임금이 언제나 하향 조정되는 것은 아니다. 심지어 불황 중에 가격이 하락하면서 실질임금이 상승하기도 한다. 그 결과 노동력에 대한 기업의 수요는 감소해서 실업을 유발한다. 신 케인스 학파는 이런 임금 및 가격의 경직성을 설명하려고 노력했다. 그 이유 중 하나는 가격의 변화가 새로운 가격표를 찍어 내거나 하는 등의 비용을 발생시킨다는 것이다. 또 다른 설명은 가격과 임금이 고정된 시간 차를 두고 조정되고, 이런 조정이 기업 전체에서 동시에 이루어지지 않는다는 것이다. 기업이 가격을 다시 고려할 때, 시장 조건이 이미 상승세에 있다고 가정해 보자. 경쟁사들이 아직 가격을 조정하지 않고 있어서, 경쟁력 유지를 위해 이 기업도 가격을 조정하지 않을 가능성이 있다.
그 결과 가격 조정이 활발하지 않다. 여기에서 기업과 개인이 이성적으로 행동해도, 시장에서 부드럽게 조정하지 않을 수 있고, 불황과 실업이 발생한다는 점을 알 수 있다.

임금율은 경제 조건의 변화를 빠르게 반영하지 않는다. 특히 하향 조정이 느리다.

주택 시장

주택 시장의 추세는 경기순환의 풍향계이다. 호황 때는 노동시장이 개선되면서 사람들이 미래를 낙관적으로 추측하고 집을 구매한다. 소득이 늘어나면 사람들은 부동산 대출을 갚을 수 있다고 생각한다. 동시에 대출을 해 주는 기관은 돈을 빌려주기 위해서 노력한다. 그 결과 집값이 상승한다.

반대로 경제가 불안할 때 사람들은 자신감을 잃고, 집에 대한 수요는 감소한다. 그 결과 집값 상승은 제한된다. 2007년 전 세계 금융 위기의 뿌리에 주택 시장의 문제가 자리 잡고 있었다. 특히 미국에서는 소비자의 심리가 경제성장과 주택 시장의 호황을 이끌었는데, 결국 근본적으로 문제가 있었던 것으로 확인되었다. 집에 대한 수요가 늘면서 대출은 더 자유로워졌다. 이자만 겨우 갚을 정도의 대출자들이 집값 상승을 예측하고 대출을 받았다. 부동산 거품이 꺼지자 주택 시장은 경제 위기의 단초가 되었다.

/ The housing market

GDP와 행복

국내총생산은 국가의 부를 측정하기 위해서 가장 흔히 쓰이는 방법이다(p.182). 하지만 전문가들은 GDP가 행복의 척도인지 의문을 품기 시작했다. 경제의 열매가 언제나 모든 인구에 골고루 돌아가는 것은 아니기 때문이다. 더 근본적인 문제는 물질이 얼마나 행복을 반영할 수 있는지 여부다.

미국의 경제학자 리처드 이스털린은 사람들의 행복에 대한 여론조사를 보고, 소득과 행복 간에 상관관계가 존재하기는 하지만 단순한 문제는 아니라는 사실을 알게 되었다. 가장 부자인 국가가 가장 행복하지는 않았다. 또 어떤 국가에서는 소득 상승이 행복 상승으로 이어지지 않았다. 그 이유 중 하나는 '쾌락의 쳇바퀴' 때문이다. 사람들이 어느 정도 생활수준에 이르면 심리적으로 그 상태에 적응하게 된다는 뜻이다. 소득은 여전히 행복을 결정하는 중요한 요소이다. 하지만 새로운 접근 방식은 기대 수명, 건강, 교육, 소득 등 행복을 측정하는 더 포괄적인 방법의 개발을 요구한다.

부탄에서는 경제 발전을 국가의 소득이 아니라 행복 정도로 측정한다.

경제 안정 정책

자동차 운전자는 속도를 일정하게 유지하기 위해서 내리막길에서는 가속 페달에서 발을 떼고, 언덕에서는 다시 페달을 밟는다. 경제 안정 정책은 경제에 대해 비슷한 시각으로 바라본다. 경제가 불황에 접어들면, 정부는 돈을 풀어서 생산과 실업의 하락을 막는다. 호황기에는 경제의 속도가 너무 빠르고 인플레이션이 발생한다. 그래서 정부는 돈을 거두어들여서 속도를 늦춘다. 활발한 경제 안정 정책은 꾸준한 운전자처럼 경기순환의 부침을 부드럽게 완화한다.

경제 안정 정책은 금융정책(정부의 지출과 세금) 및 통화정책(금리 및 돈의 공급)으로 가능하다. 하지만 이 정책에 대한 비판도 있다. 일부에서는 정책으로 생산량을 효율적으로 통제할 수 없다고 의심한다. 혹 가능하다고 해도, 효과가 곧바로 나타나지 않는다는 주장이다. 이렇게 시간이 지연되고 경제예측도 불확실하기 때문에 정책이 효과를 거둘 때쯤에는 계획 당시와 상황이 크게 달라질 수 있다.

/ Stabilization policy

통화정책

통화정책은 화폐 공급을 정부가 통제하는 것과 관련이 있다. 돈이 너무 적으면 경제활동이 둔화되고, 너무 많으면 인플레이션이 발생한다. 정부는 돈을 찍어 내거나 은행에 예금을 제공해서 돈의 공급을 늘린다. 은행에 예금을 제공하면, 은행은 이 중 일정 비율을 대여해 준다. 정부가 돈의 공급에 영향을 미칠 수 있는 또 다른 방법은 은행이 현금으로 유지해야 하는 최소 비율을 정하는 것이다(p. 96). 만약 이 비율이 증가하면, 대출이 줄고 시장에 있는 돈도 줄어든다.

은행은 중앙은행에서 돈을 빌려서 예금을 늘릴 수 있다. 그러면 대출 가능한 돈도 늘어난다. 하지만 중앙은행이 금리를 높이면, 돈의 공급은 제한된다. 마지막으로 정부는 채권을 매도해서 시장에서 돈을 회수할 수도 있다. 시장에 유통되는 돈을 늘리려면 채권을 되판다. 돈의 공급을 통제하기는 어렵다. 개인과 은행이 정부 통제를 벗어나 행동하기 때문이다.

/ Monetary policy

양적 완화

금리 조절은 통화정책의 핵심이다. 불황이 찾아오면 정부는 종종 금리를 낮추어 경제를 활성화한다. 하지만 일부 국가에서 그랬듯이 금리가 이미 낮아서 더 낮출 수 없다면 어떻게 해야 할까? 양적 완화는 빠르게 돈의 공급을 늘려 통화 조건을 완화하기 위한 대안이다.

중앙은행은 국채 및 회사채 등의 금융자산을 매입해서 효과적으로 현금을 만들고, 이를 경제에 주입한다. 그러면 소비자 및 기업의 '소매 부문 금리'가 하락하고 경제는 부양된다. 양적 완화는 '공개 시장 운영'이라고 알려진 전통적인 형태의 금융정책을 변형한 것이다. 공개 시장 운영이란 중앙은행이 단기 국채를 조절하는 방법인 반면, 양적 완화는 훨씬 더 폭넓은 자산이 구매된다. 양적 완화의 중요한 목표는 차입 비용을 줄이는 것이기 때문에, 정부의 지출을 조달하기 위해서 돈을 찍어 내는 것과는 구분되어야 한다.

/ Quantitative easing

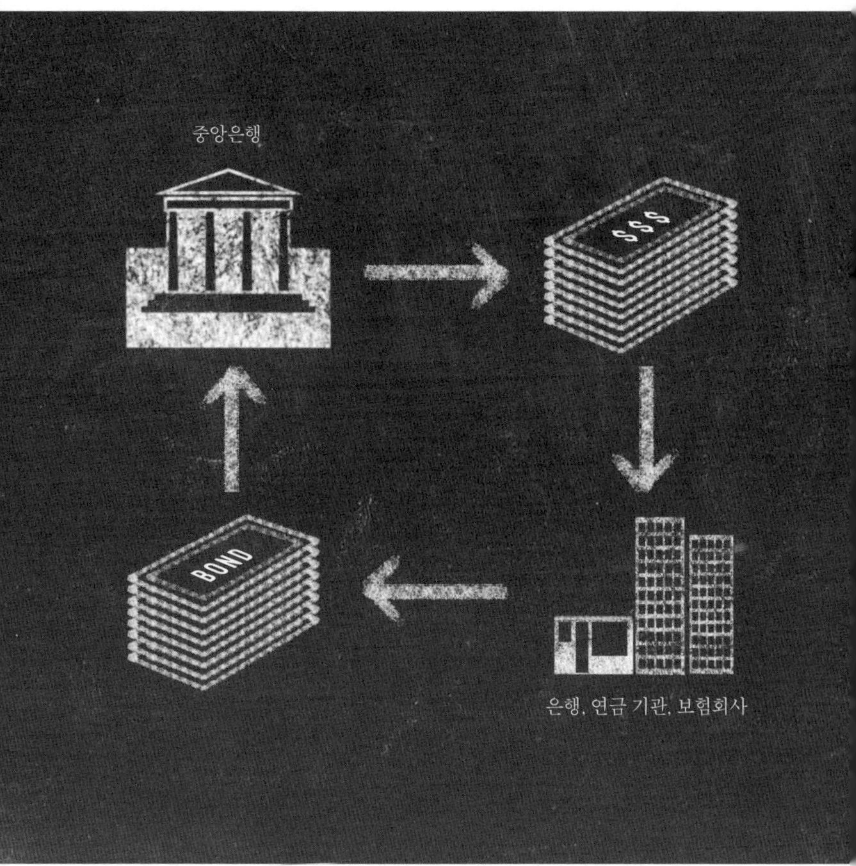

재정 정책

재정 정책은 정부의 지출 및 세금과 관련이 있다. 케인스 학파는 특히 재정 정책이 경기 불황 극복에 도움이 된다고 주장한다. 만약 정부가 지출을 늘리거나 세금을 줄이면, 총수요는 증가한다. 그 결과 경제의 생산량은 늘고, 실업은 낮아진다. 세금을 줄이고 지출을 늘리면, 승수효과가 발생한다〔p. 226〕. 경제에서 돈이 계속 소비되기 때문에 지출 증가 혹은 감세 이상으로 수요가 촉진되는 것이다.

일부 경제학자들은 재정 정책의 효과에 대해서 회의적이다. 이들은 수요를 늘린다고 생산량이 증가할 것이라고 생각하지 않는다. 특히 장기적으로 그렇다. 이들은 또 정부 지출의 결과인 수요 증가가 민간 분야의 투자를 축소시킨다고 주장한다. 높은 수요가 금리를 높이고, 투자를 악화시키기 때문이다. 최근 경제 위기 이후, 재정 정책의 효과에 대한 논의가 다시금 긴급하게 불거졌다.

/ Fiscal policy

영국 경제학자 존 메이너드 케인스는 재정 정책이
경기순환 관리를 위한 도구라고 주장했다.

정책 재량 대 규율

오디세우스는 세이렌에 접근하면서 선원들에게 자신을 배의 돛에 묶으라고 명령했다. 세이렌의 노래를 듣고는 싶으나, 노래의 중독성이 강해서 배를 조종했다가는 섬으로 돌진할 것이라고 생각했기 때문이다. 오디세우스는 최선의 결과가 배를 통제하면서 안전한 거리에서 음악을 듣는 것이라고 생각했다. 하지만 불가능하다는 사실을 알고 배의 통제권을 포기했다.

일부 경제학자들은 경제정책이 같은 딜레마를 가지고 있다고 주장한다. 배를 조종해야 하는 오디세우스처럼, 정책을 정부의 재량에 맡기면 자멸한다고 생각한다. 정부가 올해 낮은 인플레이션을 약속했는데, 그 다음해는 고용 개선을 위해서 경기를 부양해야 한다는 유혹을 느낄 수도 있기 때문이다. 만약 그렇게 되면 더 높은 인플레이션이 이어진다. 일부에서는 정부가 고정된 정책 규율을 적용해서 '돛대에 자신을 묶어야 한다'고 제안한다. 일례로 정부 정책의 주도권을 독립적인 중앙은행에 맡기는 방법이 있다.

통화주의

통화주의는 통화 공급의 중요성을 강조하는 경제 이론이다. 미국의 경제학자 밀턴 프리드먼이 이끈 통화주의 학파는 단기적으로 통화의 공급과 경제 생산량 사이에 관계가 있지만, 장기적으로는 통화가 인플레이션을 따른다고 주장했다. 활발한 통화정책으로 경제를 조율하려고 시도하는 것(예를 들어서, 불황 동안 통화의 공급을 촉진하는 정책)은 무익하다. 단기적으로 영향이 있을지도 모르지만, 변수의 시간적 차이 때문에 정부가 그 효과를 충분히 활용하지 못하고, 장기적으로는 인플레이션이 유발되기 때문이다. 통화주의는 경기순환에 따라 통화 공급을 조절하기보다는 통화 증가의 양을 고정해 놓고 경제적인 조건과 상관없이 꼭 지켜야 한다고 말한다. 1980년대에 이런 방식이 시도되었지만, 정부가 통화 공급을 엄격하게 통제하기는 어려운 것으로 확인되었다.

/ Monetarism

인플레이션 목표

1980년대에 많은 국가들의 통화정책은 통화 공급을 얼마나 늘려야 할지 목표를 정해서 실시되었지만, 목표 달성이 쉽지 않은 것으로 입증되었다. 통화 공급의 목표를 정하는 중요한 이유는 안정적이고 적절한 인플레이션을 위해서였다. 그렇다면 인플레이션을 직접 공략하면 안 될까? 미국의 경제학자 존 테일러는 경제 조건에 대응해서 중앙은행의 금리를 조절하는 방식으로 아예 물가 안정이라는 목표를 공략해야 한다고 제안했다.

인플레이션 목표가 3퍼센트일 때 실질적인 인플레이션이 3퍼센트를 초과한다면 금리를 높여야 한다. 그러면 경기는 안정되고, 인플레이션을 목표에 가깝게 낮출 수 있다. 이 방식은 또 실업률이 장기적으로 '자연적인 수준'을 넘을 때 금리를 인상하도록 요구한다. 실업률이 자연 실업률보다 낮을 때는 금리를 인하해야 한다. 최근 몇 십 년 동안 많은 중앙은행들은 테일러의 규칙에 따라서 정책을 적용했다. 일부 경제학자들은 덕분에 2007년 경제 위기 때까지 안정적이고 낮은 인플레이션 조건을 만들어 냈다고 주장한다.

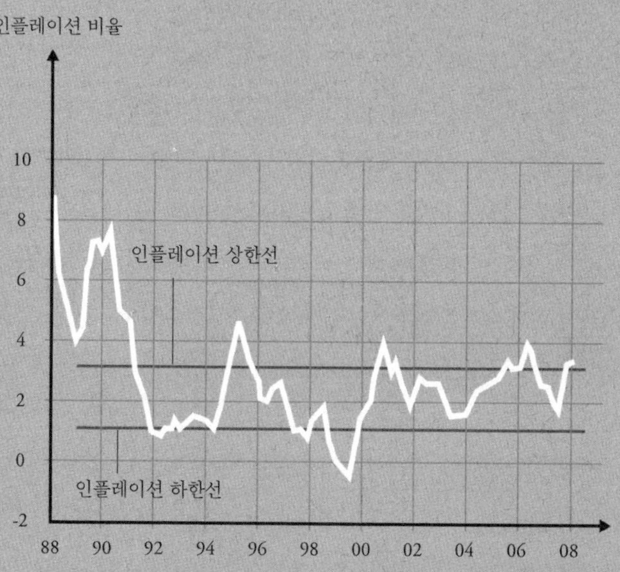

물가 안정 목표제는 상한선과 하한선 사이에서
인플레이션을 유지하기 위해 노력한다.

루카스 비판

1970년대에 미국 경제학자 로버트 루카스는 표준 경제정책을 비판했다. 이후 루카스 비판이라고 알려진 그의 행동은 학파를 형성했고, 이 학파는 '합리적인 기대'라는 개념을 도입했다(p. 222). 루카스는 변수 간의 안정적인 관계(예를 들어 실업률이 낮으면 인플레이션이 높다)를 추정하는 정책을 지적했다. 그는 정책을 도입하면 정책의 기준이 되었던 관계가 바뀐다고 주장했다. 합리적인 기대를 가진 인간이 정책의 영향을 정확하게 예측하고 그에 따라 행동을 바꾸기 때문에, 정책의 원래 목적을 약화시킨다는 것이다. 예를 들어서, 정부가 고용을 늘리려고 노력하면 사람들은 높은 인플레이션이 발생해 실질임금이 하락할 것을 예측하고, 일을 하기 싫어하게 된다. 루카스 비판은 근본적이고 합리적인 예측을 기준으로 삼고 있는데, 일부는 여기에 의혹을 제기한다.

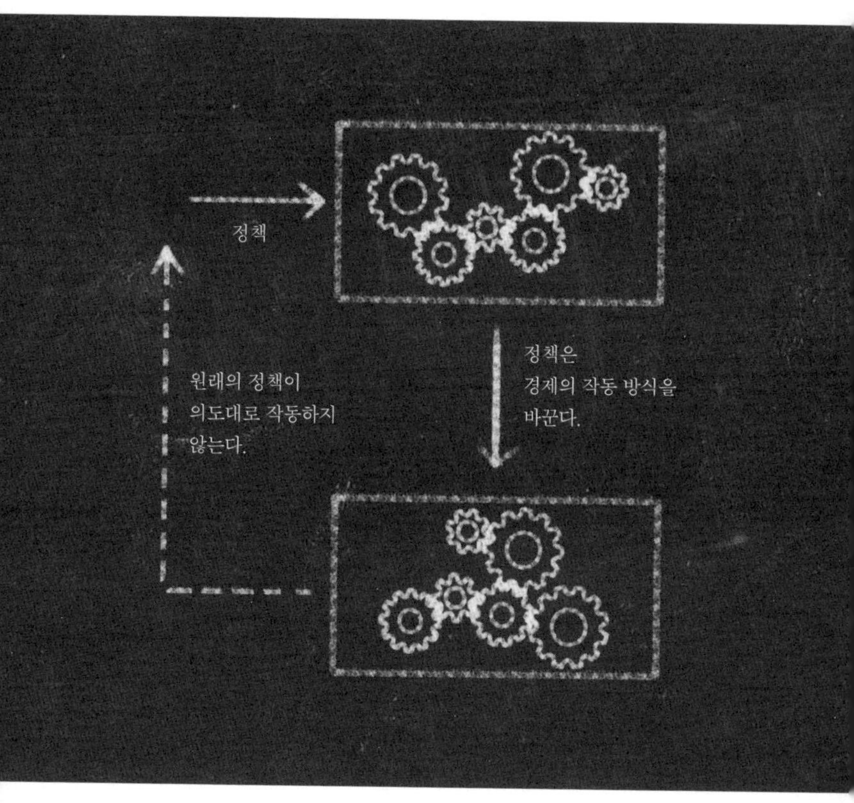
정책
정책은
경제의 작동 방식을
바꾼다.
원래의 정책이
의도대로 작동하지
않는다.

크라우딩 아웃

불황의 해결책 중 하나는 정부 지출을 늘리는 것이다. 정부가 지출을 늘리면 수요가 늘어나고, 성장 촉진도 기대된다. 하지만 정부 지출은 높은 수요에 대응해서 도미노 효과를 가져올 수도 있다. 공공 지출이 민간 지출을 대체할 수 있을 경우, 이를 줄일 수도 있다. 그렇게 되면 정부 지출로 증가된 수요는 민간 분야의 지출 감소 때문에 부분적 혹은 완전히 무력화될 수도 있다. 심지어 국방 지출이나 도로 건설에 드는 비용〔공공재는 민간 분야에서 제공하기 어렵다, p.58〕도 크라우딩 아웃으로 이어질 수 있다. 총수요의 증가는 금리를 높인다. 개인이나 기업이 더 많은 돈을 요구하기 때문이다. 금리가 높아지면 민간 투자가 악화되고, 경제활동에 대한 지원은 상쇄된다. 경제학자들은 크라우딩 아웃이 정부 지출의 영향을 완전히 무력화할 만큼 크냐는 것에 관심을 가진다.

/ Crowding out

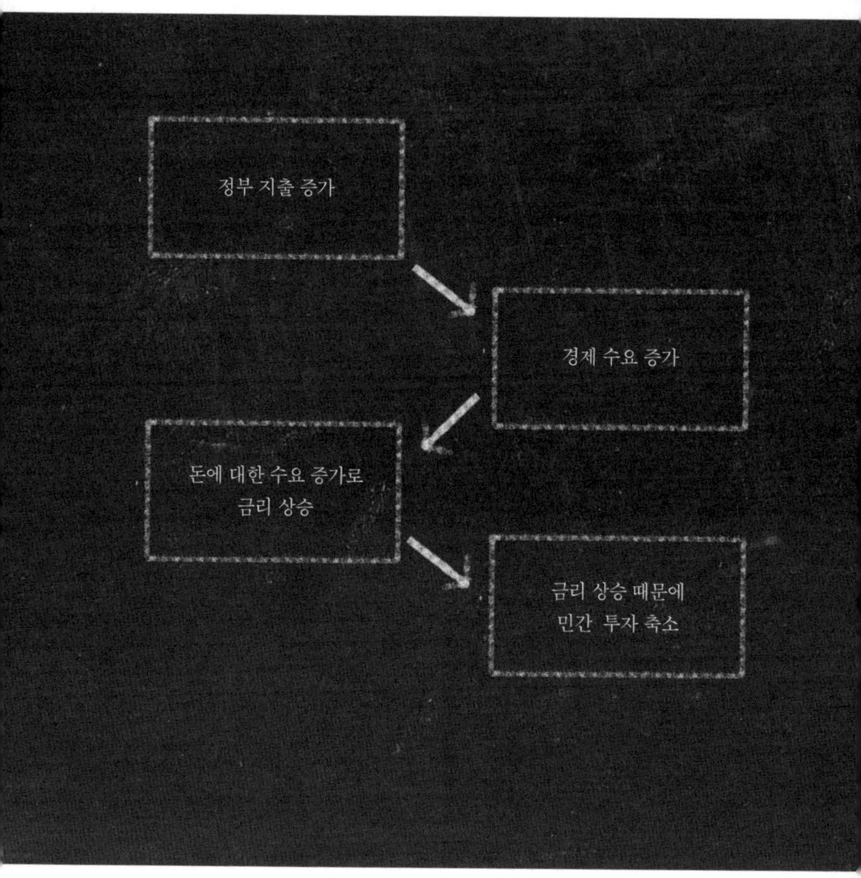

공급 중시 경제학 및 래퍼곡선

1980년대에 경제의 수요를 관리하는 정부 정책은 장점을 잃었다. 초점은 경제의 공급을 개선하는 것으로 이동했다. 즉 기업과 노동자의 생산성을 개선하는 것이었다. 한 가지 생각은 세금을 인상하면 인센티브가 무뎌져 공급 측면에 해가 된다는 것이다. 반대로 세금을 낮추면 경제를 자극할 수 있다. 미국의 경제학자인 아서 래퍼는 세율과 정부 수입의 관계를 래퍼곡선으로 제시했다. 세율을 낮추면 정부의 세수가 줄어들 것 같지만, 래퍼곡선에 따르면 꼭 그런 것만은 아니다. 세금이 높으면 사람들이 일을 하지 않게 되고, 그 결과 경제의 산출량은 제한되고 세수도 하락한다. 이런 점에서 보면 세율 감축은 산출량을 증가시켜서 부족한 세수를 매우고, 전반적인 세수가 증가한다. 실질적으로는 이처럼 간단치는 않고, 공급 측면의 정책은 규제 개혁이나 사유화 등 더 폭넓은 정책을 요구한다.

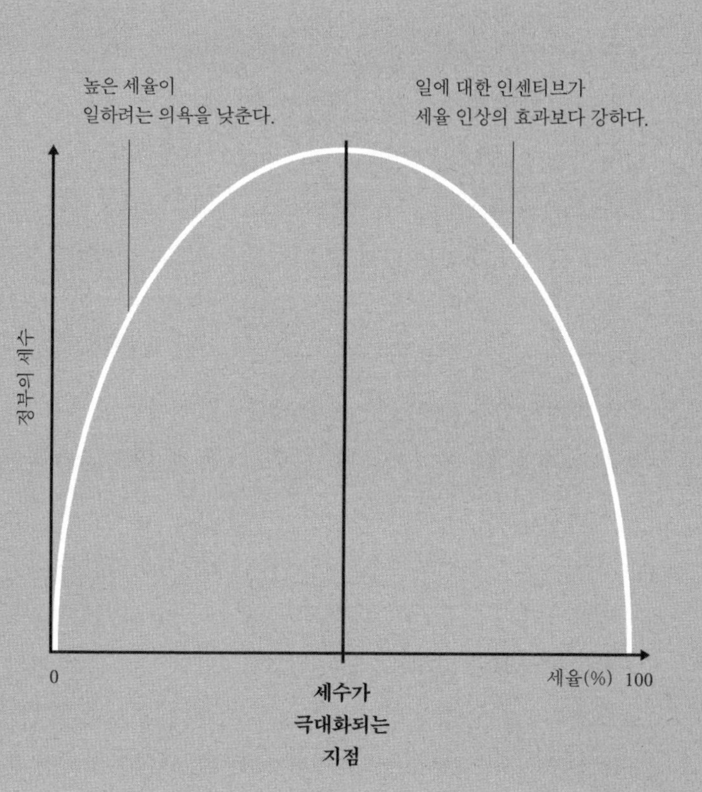
높은 세율이
일하려는 의욕을 낮춘다.
일에 대한 인센티브가
세율 인상의 효과보다 강하다.
정부의 세수
0
세율(%) 100
세수가
극대화되는
지점

리카도 동등성 정리

정부는 돈을 빌리거나 세금을 인상해서 지출을 위한 돈을 마련한다. 케인스 학파는 정부가 돈을 빌리거나 지출을 늘려서 경제 불황을 해결할 수 있다고 믿는다. 순수하게 세금으로 마련된 지출은 효율적이지 않다. 지출 증가 효과가 세금 인상의 악영향으로 상쇄되기 때문이다. 리카도 동등성 정리는 19세기 영국의 경제학자 데이비드 리카도의 이름을 딴 것으로 이런 추론을 반박하면서, 정부가 지출을 충당하는 방법은 어떤 차이도 만들어 내지 못한다고 말한다. 특히 개인은 차입금으로 충당된 공공 지출 증가에 대응하지 않는데, 정부가 나중에 돈을 갚기 위해서 세금을 인상할 것을 알기 때문이다. 최근 이 이론은 리카도 동등성이 유지되려면 사람들이 합리적이어야 하고, 미래의 추정에 대해 정확한 계산을 해야 하며, 정부 정책의 영향을 이해해야 한다는 사실을 보여 주었다. 현실에서 거의 불가능한 조건이다. 그럼에도 불구하고, 이 이론은 정부의 지출 및 차입이 제한되어야 한다는 유용한 의문을 제시했다.

/ Ricardian equivalence

독립적인 중앙은행과 시간 비일관성

최근 몇 십 년 동안 많은 국가에서 독립적인 중앙은행을 만들었다. 중앙은행이 정부의 통제를 받으면 통화정책(금리와 통화의 공급)은 정치인들에 의해서 좌우된다. 독립성이 보장될 때, 이들 정책은 정치성이 없는 전문가에 의해서 결정된다. 독립성에 대한 주장은 통화정책의 목적을 달성하는 데 정부는 최악의 적이라는 사실에서 시작된다. 정부가 낮은 인플레이션을 약속했다고 가정해 보자. 이 약속은 신뢰할 수 없다. 정부는 실업을 꺼리기 때문이다. 이는 결국 수요를 높이고, 실업을 낮춘다. 그래서 결과적으로 인플레이션을 높인다〔p. 254〕. 개인은 인플레이션이 상승하기를 예측하며, 높은 임금은 높은 가격으로 상쇄된다. 그래서 수요 증가는 실업에 영향을 발휘하지 못한다. 결과는 인플레이션이 높아지는 것만 남는다. 이런 상황에서 목표인 낮은 인플레이션은 시간과 일관되지 않는다. 사람들이 낮은 인플레이션을 원한다고 믿는 독립적인 위원회에 권력을 주는 것이 정치적인 충돌을 해결하는 방법 중 하나다.

/ Independent central banks and time inconsistency

예산 적자와 흑자

정부가 세금을 거두는 것보다 더 많이 지출을 할 때, 예산 적자가 발생한다. 세수가 지출을 초과하면 흑자가 된다. 경제가 불황이 되면, 실업은 늘고 복지 비용은 증가한다. 반면 경제활동이 줄면서 세수는 감소한다. 이때 예산은 적자를 기록하는 경향이 있다. 반대로 경제 호황기에는 세수가 늘고, 전체 복지 지출이 낮아서 흑자가 발생한다〔p. 228〕.

경기순환에 따른 적자의 비율은 '경기순환적 재정 적자'라고 부른다. 경기순환에 걸쳐서 적자는 흑자로 상쇄된다. 구조적인 적자는 경기순환의 요소를 넘어선다. 정부가 세금으로 충당하지 않은 인프라 투자로 인해 적자가 발생할 때를 예로 들 수 있다. 경제학자들은 예산에 대해서 다른 입장을 취한다. 어떤 사람들은 적자가 경제를 미세하게 조정하기 위해서 유용한 방법이라고 믿고, 또 어떤 사람들은 지속되는 적자로 빚이 쌓이지 않을까 걱정한다.

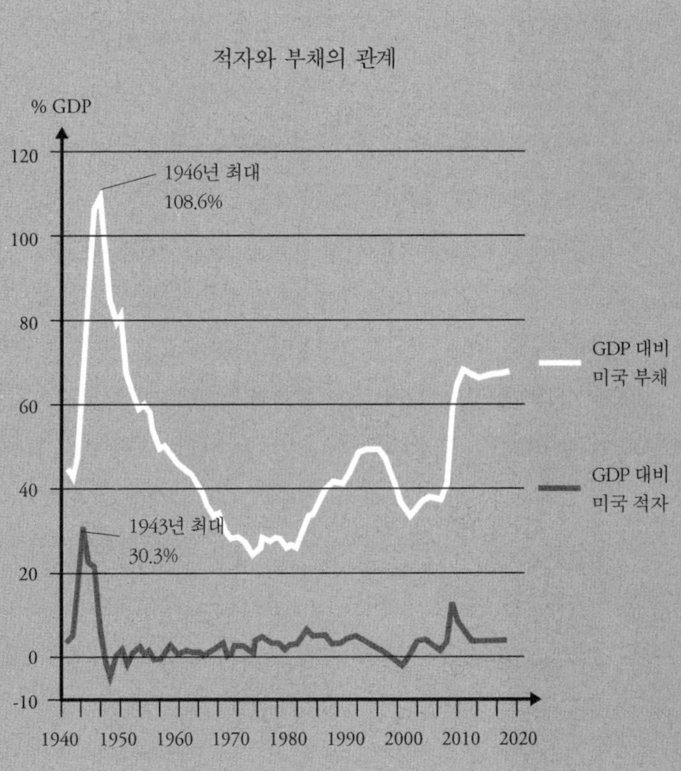

적자와 부채의 관계
% GDP
120
100
80
60
40
20
0
-10
1946년 최대
108.6%
1943년 최대
30.3%
1940
1950
1960
1970
1980
1990
2000
2010
2020
GDP 대비
미국 부채
GDP 대비
미국 적자

예산 균형

정치인들은 정부의 지출과 세수가 같아서 예산이 적자도 아니고 흑자도 아닌 '균형예산' 상태에 찬사를 보내고는 한다. 엄격한 의미의 균형예산은 매년 달성되어야 하지만, 이는 결코 쉽지 않은 일이다. 불황 때는 정부가 세금을 줄이고 실업수당을 늘리기 때문에 자동적으로 적자가 발생하고, 고성장 기간 동안에 흑자로 변환된다.

대부분의 경제학자들이 매년 예산의 균형을 요구하지는 않는다. 어떤 학자들은 '경기순환에 걸친 균형'을 권하는데, 경기순환의 영향을 받지 않는 상태에서 예산의 균형을 맞추어야 한다는 뜻이다. 적자는 미래 세대가 지불해야 하는 부채가 늘어난다는 뜻이다. 즉, 자원을 덜 아끼고, 금리를 인상하고, 투자를 아낀다는 뜻이다. 다른 경제학자들은 적자를 줄여야 한다고 말한다. 보건이나 교육 분야의 지출을 줄여야 한다고 주장하는데, 이는 결국 경제성장을 낮춘다.

/ The balanced budget

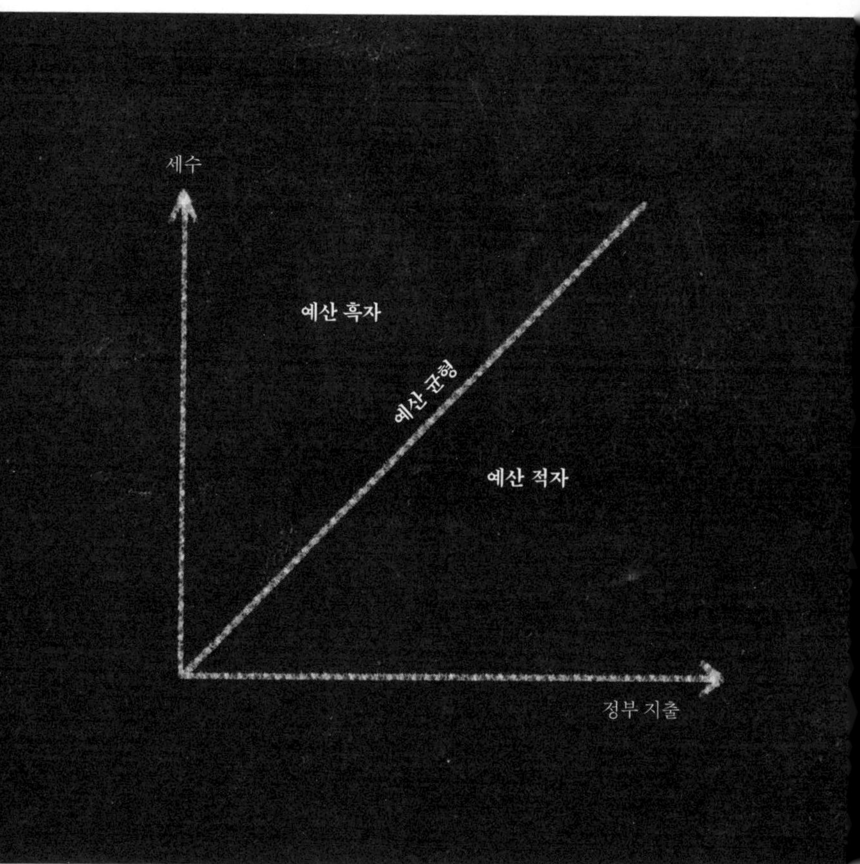

정부의 부채

한 국가는 사람과 같다고 한다. 수입과 지출의 균형을 맞추고, 빚을 갚아야 한다. 하지만 한 가지 차이점이 있는데 개인은 은퇴를 하고 죽는데 반해 국가는 무한정 생산을 한다. 이 사실은 국가가 채무를 완전히 갚지 않아도 된다는 뜻이다. 국가는 이자를 지불하고 다른 지불 의무에 충족하면, 계속 채무를 유지할 수 있다. 부채가 GDP 대비 합리적인 수준을 유지하기만 하면 된다.

GDP에서 부채가 차지하는 비중이 너무 높아서 정부가 지불을 할 수 없으면 문제가 발생한다. 하지만 그 전이라도, 부채가 계속 늘어나면 곤란하다. 요즘은 소비가 늘어도 투자는 하지 않고, 결국 미래 세대에 해를 입힌다. 일부 경제학자들은 정부 부채 증가가 더 이상 개인의 소비도 늘리지 못한다고 말한다. 미래에 세금이 오를 것을 걱정하기 때문이다. 또 부채가 과다하면 인플레이션을 유발하며, 정부의 신뢰도에도 금이 간다.

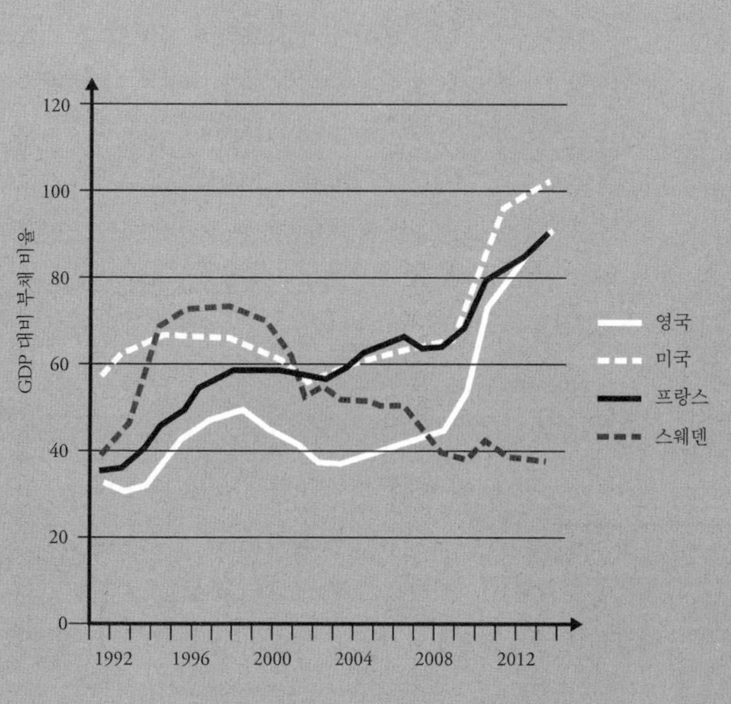
120
100
80
60
40
20
0
GDP 대비 부채 비율
1992
1996
2000
2004
2008
2012
영국
미국
프랑스
스웨덴

조세의 귀착

조세의 귀착은 결국 누가 세금의 부담을 감당하느냐에 대한 연구이다. 공식적으로 누가 세금 당국에 세금을 지불하느냐는 세금의 실질적 부담과 다르다. 기업이 가격을 올려서 소비자들에게 세금을 부담시킨다고 말한다면, 바로 실질적인 부담을 말한다〔p.178〕. 정부가 페인트에 대해서 세금을 부과한다고 가정해 보자. 세금은 생산 비용으로 작용한다. 따라서 세금을 인상하면 제조업체는 생산을 줄인다. 공급이 줄면 가격이 상승하고, 구매자와 판매자 모두 피해를 입는다. 판매자는 전보다 적게 팔고, 구매자는 더 비싼 돈을 지불해야 한다. 이번에는 페인트의 대용품이 없기 때문에 구매자들이 가격 변화에 무감각하다고 가정해 보자. 구매자가 판매자보다 가격에 무감각하다면 기꺼이 늘어난 세금을 감당한다. 따라서 세금은 수요에 영향을 미치지 않으면서 구매자에게 이전된다. 반대로 구매자가 가격 변화에 민감하다면(페인트 대신 벽지를 구매한다면) 판매자가 세금의 영향을 대부분 부담하게 된다.

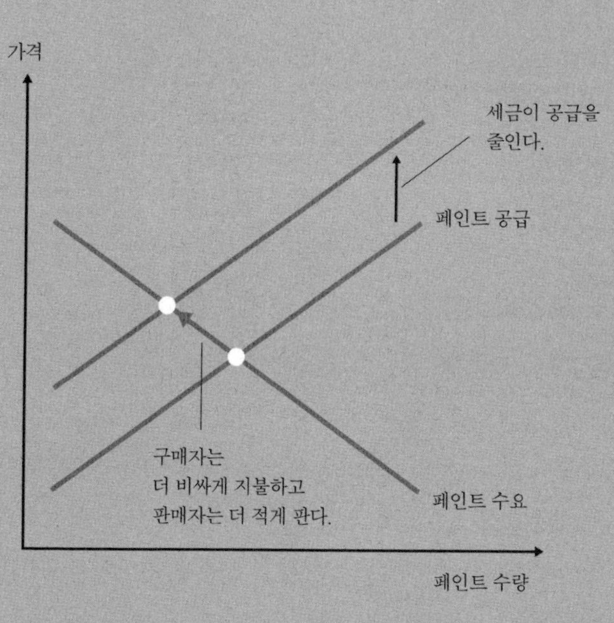
가격
세금이 공급을
줄인다.
페인트 공급
구매자는
더 비싸게 지불하고
판매자는 더 적게 판다.
페인트 수요
페인트 수량

직접세와 간접세

직접세는 세금 당국에 직접적으로 세금을 내는 특정한 개인 혹은 기업에 부과된다. 일반적으로 세금 지불 방법은 선택할 수 없다. 예를 들어서, 노동자는 소득세를 내고, 기업은 순익에 대한 세금을 낸다. 간접세는 특정 개인에게 부과되지 않는다. 이들은 일반적으로 상점과 같은 매개체에서 걷히고, 이후 정부에 전달된다. 간접세의 가장 일반적인 형태는 판매세 등의 거래에 대한 세금이며, 소비를 하지 않으면 세금을 내지 않는다.

가끔은 판매세 등의 간접세가 소득세보다 선호된다. 노동에 대한 세금은 사람들의 근로 의욕을 꺾기 때문이다. 하지만 간접세는 가격을 높여서 실질소득을 줄이고, 일부 제품에 대한 세금은 재화의 상대적인 가격을 왜곡해서 시장의 효율성을 저해하기도 한다. 간접세는 또 역진세라는 비난을 받기도 한다. 저소득층이 소득 대비 상대적으로 많은 세금을 지불하기 때문이다.

/ Direct and indirect taxation

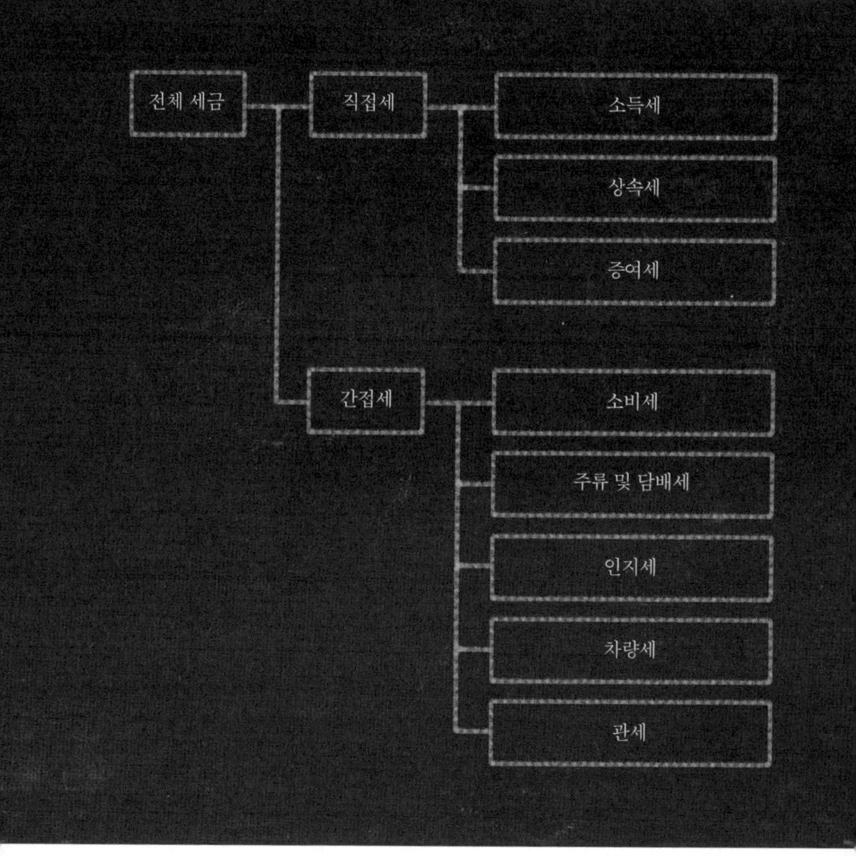

세금의 사중손실

세금은 장점을 가지고 있지만, 단점도 있다. 특히 시장 메커니즘을 간섭한다는 면에서 그렇다. 재화에 대한 세금이 특정 제품의 가격을 높이기도 하고, 소득세는 노동자가 집으로 가지고 가는 실질적인 임금을 줄인다. 그 결과 세금의 사중손실이 발생한다.

정부가 소득세를 높였다고 가정해 보자. 그러면 노동자의 가처분 소득은 줄어들지만, 공공서비스에 대한 지출은 늘어난다. 세율이 높으면 사람들은 일을 적게 하고, 노동자들의 복지는 줄며 정부는 줄어든 노동시간을 상쇄할 추가적인 세수를 얻지 못한다. 그래서 경제 전반에 사중손실이 발생한다. 인센티브는 한계 세율에서 시작된다. 이는 추가적으로 일을 하는 데 대한 세금의 비율이라고 할 수 있다. 한계 세율이 높으면, 일을 할 필요가 없을 수도 있다. 한계 세율은 소득이 낮으면 하락한다. 따라서 고소득층은 평균 세율(총소득에서 세금으로 지불해야 하는 비율)이 한계 세율보다 적은 경우가 많다.

/ The deadweight loss of taxation

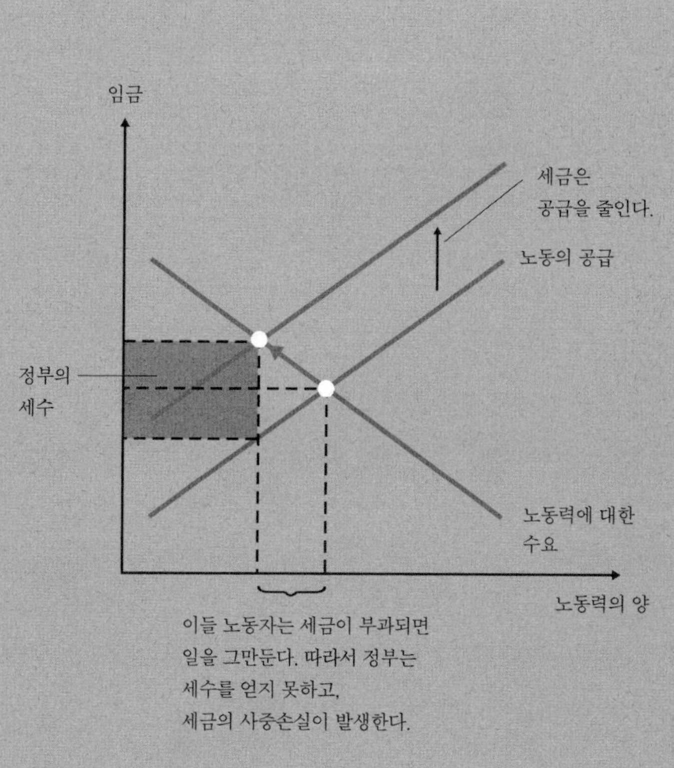

정액세

경제학자들은 세금을 필요악으로 본다. 사람들은 정부를 필요로 한다. 하지만 세금은 시장을 저해하는 인센티브를 가지고 있다. 예를 들어서, 소득세는 사람이 일을 덜하게 만든다. 정액세는 소득과 관계없이 누구나 내야 하는 고정된 세금의 양이다. 이 세금에는 인센티브 효과가 없기 때문에 중요하다. 일하기로 결정을 내려도 나의 세금에는 영향이 없기 때문에, 얼마나 일을 할지를 결정할 때 세금은 무시한다. 이때 정액세의 한계 세율(추가적인 일에 대한 비율)은 0이다.

이런 면에서 정액세는 시장의 인센티브에 간섭하지 않는다. 하지만 정액세의 평균 세율(총소득 중 세금으로 내야 하는 비율)은 저소득층일수록 높은 역진세가 된다. 소득이 1만 파운드일 때 정액세가 1천 파운드라면, 평균 세율이 10%라는 뜻이다. 만약 소득이 1천 파운드라면 세율은 100%가 된다. 빈곤층이 너무 많은 세금을 내게 된다. 정액세는 효율적이기는 하지만, 많은 이들이 이를 불공평하다고 판단한다.

/ Lump-sum taxes

영국 정부가 1989~1990년에 정액세를 도입하자(인두세라고 명명되었다), 사람들은 불공평한 세금에 반발해서 폭넓은 시위를 벌였다.

재분배 과세

학교와 병원을 제공하려면 정부는 국민들에게 세금을 부과해야 한다. 그렇다면 세금의 부담을 어떻게 배분해야 할까? 경제학자들은 종종 경제적인 효율성에 세금이 미치는 영향에 집중한다. 모두에게 고정으로 세금 500파운드를 부과하면, 사람들은 불공평하다고 생각한다. 다수는 더 여유가 있는 사람들이 세금을 더 내야 한다고 주장한다.

모든 세금은 어떤 방식으로든 소득을 재분배한다. 하지만 재분배 과세는 세수 확대와 마찬가지로 소득 분배를 공평하게 하는 것이 목적이다. 누진세는 부유층에 높은 세율을 부과해서, 여유가 있는 사람들이 세금을 더 부담하고, 소득을 더 공정하게 배분하기 위한 원칙을 실현한다. 세금을 비율로 부과하면, 모든 납세자들이 소득에서 동일한 비율을 세금으로 지불한다. 역진세의 경우 부유층이 절대적인 기준에서 더 많이 낸다고 하더라도, 전체 소득에서는 더 적은 양을 세금으로 낸다.

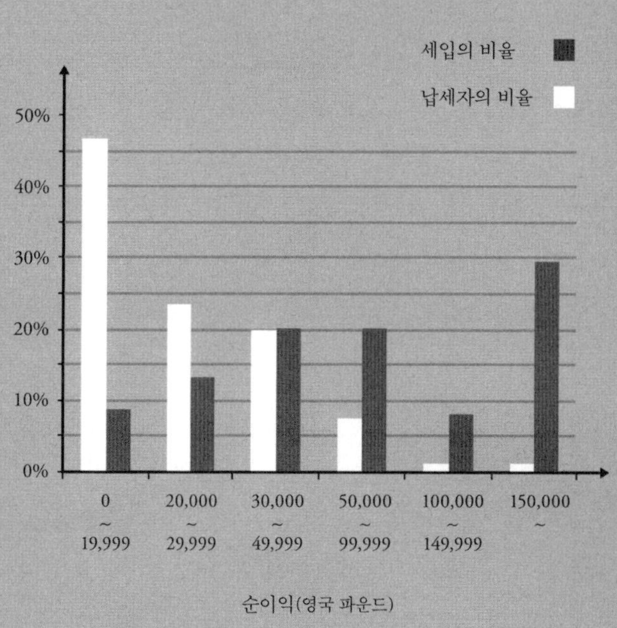
영국의 납세자 및 세입 분포
세입의 비율
납세자의 비율
50%
40%
30%
20%
10%
0%
0 ~ 19,999
20,000 ~ 29,999
30,000 ~ 49,999
50,000 ~ 99,999
100,000 ~ 149,999
150,000 ~
순이익(영국 파운드)

복지국가

사람은 어쩔 수 없이 일자리를 잃고, 아프거나 나이가 들어 일하지 못하게 된다. 정부는 이런 상황에 대응하기 위해 보건 서비스 및 사회보장 서비스를 제공하고, 스스로 생계를 책임지지 못하는 사람들을 위해서 기본 소득을 지급한다. 시장이 건강 악화와 실업에 대한 보험을 제공해서 똑같은 일을 할 수는 없을까? 경제학자들은 구매자와 판매자 사이의 정보 불균형이 보험 시장의 실패를 가져온다는 사실을 알게 되었다. 예를 들어서 건강한 사람과 그렇지 않은 사람을 구별하기가 어렵기 때문에, 보험회사는 보험을 요구하는 사람이 건강하지 않다고 판단하고 보험료를 인상한다. 이는 일부 사람들이 보험에 가입하지 못한다는 뜻이다. 보험 서비스를 사회 혹은 국가가 제공해야 한다고 주장하는 이유는 이런 시장의 실패를 막기 위해서이다. 복지국가의 단점은 역 인센티브로 이어질 수 있다는 것이다. 보험 서비스를 국가에서 지불하면 사람들이 건강에 신경을 덜 쓸 수도 있다. 또한 실업수당을 어느 이상 지불하면 오히려 실업을 부추길 수 있다는 주장도 있다.

FOODS SERV

연금

경제학자들은 개인의 소득, 저축, 소비를 경기순환의 시각에서 생각한다. 사람들은 젊었을 때는 돈을 벌고 아낀다. 나이가 들면 저축을 사용한다(p.224). 노후를 위한 저축의 한 형태가 연금이다. 정부는 연장자를 위해서 기본적인 은퇴 소득을 제공한다. 정부가 개입하는 이유는 은퇴 소득을 시장에 지급할 때 발생하는 문제를 해결하기 위해서다. 수십 년 뒤를 위해 소득 흐름을 계획하는 것은 쉽지 않다. 필요한 정보를 얻기 어려울 수도 있고, 어떻게 해야 할지를 모를 수도 있다.

게다가 개인 연금은 가입자가 지나치게 오래 생존할 때 문제가 발생한다. 연금을 구매하는 개인은 오래 살 것이라고 기대하는 사람들이다. 이 경우 연금 판매자는 손실을 보기 때문에 시장은 공급이 부족한 경향을 보인다. 국가가 연금을 제공해야 하는 또 다른 이유이다. 최근 서구 사회에서는 고용주와 국가가 함께 연금을 제공하는 것이 점점 일반화되고 있다.

/ Pensions

가격통제와 보조금

정부가 주요 시장의 가격을 제한할 때가 있다. 최저임금법은 급여의 하한선을 정한다. 임대료를 통제할 때는 주거 비용의 상한선을 책정한다. 이런 정책의 목표는 빈곤층을 돕는 것이지만, 공급과 수요가 결정한 가격을 조절해서 부작용이 생기기도 한다.

공급과 수요에 의해 정해진 한 달 임대료가 600파운드라고 가정해 보자. 누구나 600파운드로 집을 빌리려고 할 것이다. 그런데 정부가 임대료 상한선을 500파운드로 정했다면 집에 대한 수요는 증가하고 공급은 하락해서, 집을 얻지 못하는 사람들이 생긴다. 결국 집은 시장을 거스르는 방법에 의해서 분배될 것이다. 가장 오래 대기한 사람이나, 개인적인 인맥이 있는 사람이 집을 얻게 될 것이다. 시간이 흐르면 건축은 줄어들고, 집의 부족은 더욱 심해질 것이다. 임대료 통제는 이미 집을 구한 사람들에게는 도움이 되지만, 그렇지 않은 사람들은 집을 구하지 못하게 된다. 하한선을 정하면 반대 경우가 발생해서 수요가 넘친다. 가격통제 옹호자들은 이런 단점보다 사회적 혜택이 더 크다고 주장한다.

임대료 상한선이 초과수요를 만드는 방법

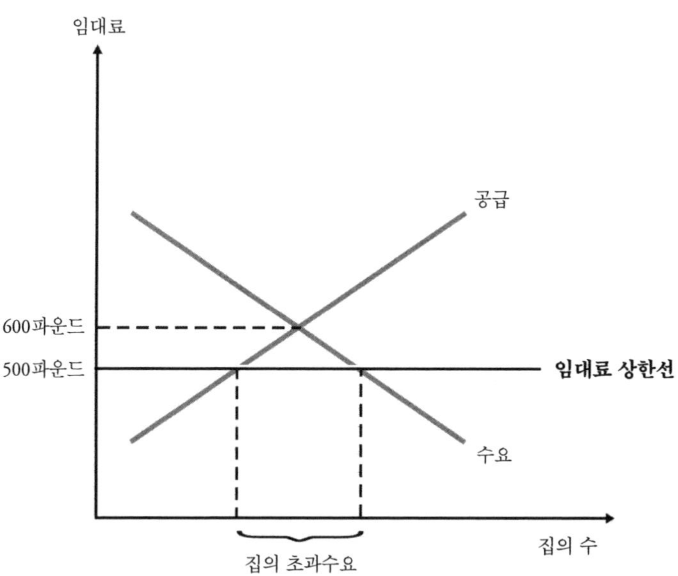

최저임금

1999년 이후 영국은 법적 최저임금을 강화했다. 이 정책에 대한 반대 의견은 무엇일까? 최저임금은 노동력에 대한 수요와 공급으로 결정되는 노동시장의 일반적인 기능을 방해한다. 법적 최저임금은 일반적으로 평균임금보다 대폭 낮게 설정된다. 그래서 대부분의 노동시장은 영향을 받지 않는다.

하지만 임금 수준이 낮은 영역에서, 최저임금은 문제를 일으킨다. 법적 최저임금의 부과로 임금이 상승하기 때문에 노동력의 공급은 증가하고 수요는 하락한다. 일자리를 제공하는 사람보다 일자리를 찾는 사람들이 많기 때문에 실업이 증가한다. 하지만 임금은 수요에 맞게 하향 조정되도록 허용되지 않는다. 이 때문에 일부 경제학자들은 최저임금의 사용을 비판한다. 일부에서는 최저임금이 실업에 미치는 효과가 제한적이며, 저소득층의 삶의 질 개선으로 더 큰 혜택을 얻을 수 있다고 주장한다.

/ Minimum wages

경쟁 정책

일반적인 경제학은 경쟁이 자원을 효율적으로 배분한다고 생각한다. 기업이 경쟁을 할 때, 소비자가 원하는 것을 저렴한 가격에 공급할 수 있다. 하지만 시장은 종종 이런 '이상'에서 멀어진다. 경쟁 (혹은 독과점 금지) 정책의 목적은 시장의 경쟁을 보장하는 것이다.

데어리 푸드라는 기업이 팜하우스 프로듀스라는 기업과 합병을 고려하고 있다고 상상해 보자. 이 두 기업은 시장에서 버터를 제공하는 주요 경쟁 업체이다. 둘이 합병을 하면 시장의 75퍼센트를 통제하게 된다. 독점 규제 당국은 합병된 기업이 막대한 시장점유율을 무기로 삼아 시장을 독점하고 가격을 올리지는 않을지 걱정해야 한다. 만약 그렇게 될 가능성이 크다면 합병을 막아야 한다. 만약 버터의 대체제(마가린)가 있다면, 75퍼센트의 시장점유율이 가진 지배력은 낮아진다. 경쟁을 막는 또 다른 반경쟁 관행은 카르텔 회원들 간의 공모〔p. 168〕와 시장에서 경쟁자를 몰아내기 위해서 약탈적 가격정책을 실시하는 것이다〔p. 172〕

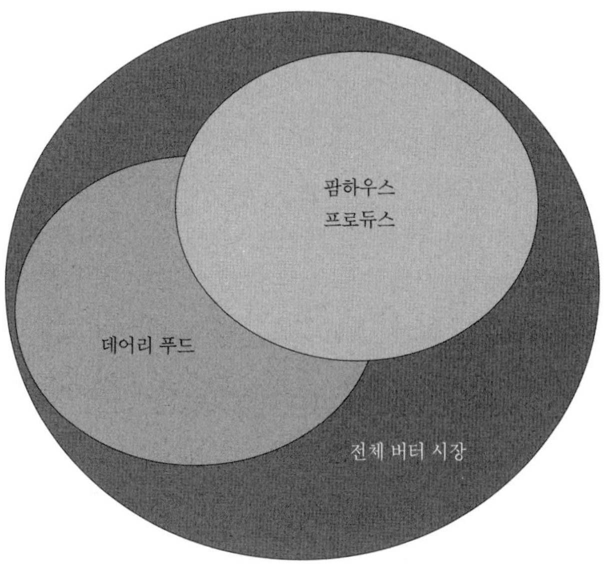
팜하우스
프로듀스
데어리 푸드
전체 버터 시장

규제

시장경제에서 특정 산업에 경쟁이 없을 때도 정부는 규제를 실시한다. 물의 공급과 같은 '자연독점'은 생산량이 증가함에 따라 평균 원가가 하락한다. 초기 투자가 상당하기 때문이다. 특정 대기업이 운영하는 게 다양한 네트워크를 가진 기업들로 운영하는 것보다 비용이 덜 든다면, 그렇게 형성된 독점기업이 높은 가격을 부과하는 것을 어떻게 막을까? 가장 효율적인 물 생산량은 가격(소비자들이 물 한 방울에 부과하는 가치)이 생산원가와 같은 때이다(한계비용). 독점기업은 수익을 높이기 위해서 생산을 줄이고 가격을 높인다.
규제 당국은 가격이 한계비용과 같아질 때까지 물 생산을 늘리도록 기업을 압박한다. 하지만 생산량이 너무 많기 때문에 가격은 크게 낮아지고, 자연적인 독점기업은 더 이상 평균 원가를 회수하지 못하고 손실을 보게 된다. 이 문제에 대응하기 위해 독점기업에 보조금을 제공할 수 있다. 또 다른 대안은 기업이 생존할 수 있도록 가격 상한선을 결정하는 것이다. 이들 방법은 각자 단점을 가지고 있다. 규제는 복잡하며, 종종 정치적인 논쟁을 불러일으킨다.

수도 같은 공익사업은
자연독점 상태가 된다.
따라서 정부 규제의 좋은 대상이다.

오염에 대한 과세

광산에서 폐수가 흘러나와 주변의 토양을 오염시켰다. 그래서 근처 밭에서 생산되던 꽃의 양이 줄어드는 외부 효과가 발생했다(p. 52). 폐수는 꽃의 생산량을 낮추었고, 밭의 순익을 하락시켰기 때문에, 사회 전체에 비용을 초래했다. 광산은 이런 피해를 고려하지 않고 석탄을 과도하게 생산하고 오염 물질을 배출했다. 정부는 이때 광산에 오염 물질을 줄이도록 요구할 수 있다. 또 다른 방법은 오염에 세금을 부과하는 것이다. 광산이 생산하는 폐수 1톤당 세금을 부과하면 된다.

이런 환경세는 사회의 모든 비용과 혜택을 고려해서 정해야 한다. 광산에 시장가격에 포함되지 않은 사회적 비용을 지불하도록 만들어야 한다. 외부 효과를 '내재화'하는 것이다. 환경세는 오염을 일으키는 주체가 다양한 방식으로 대응하도록 허용한다. 어떤 경우는 생산을 줄이는 것이 쉬울 수 있다. 다른 경우 세금을 내는 쪽을 선택할 수도 있다. 환경세는 광산의 오염 감축 노력을 효율적으로 배분한다.

/ Taxing pollution

인간의 생명에 대한 가치

정부 기관이 수영장에, 인명 구조원을 추가로 고용하라고 요구한다. 이를 결정하기 위해 해당 기관은 구조원의 임금과 구조된 생명의 가치를 비교한다. 하지만 생명의 가치를 어떻게 돈으로 환산할 수 있을까? 정말 인명은 값을 매길 수 없을 만큼 소중할까? 자원이 희소하기 때문에 생명 같은 무한한 가치를 상정하는 것은 불합리하다. 정부 기관은 안전을 위해 무한한 자원을 투입하고, 인명 구조원 수백 명을 채용하고, 최첨단 CCTV를 설치하고, 의료 시설을 지을 수도 있다. 그러면 학교, 병원, 쓰레기장 등에 사용되어야 하는 자원이 수영장으로 가게 된다. 현실에서 안전 요원은 위험을 합리적 수준으로 축소할 수 있는 정도로 제한된다.

경제학자들은 안전에 얼마큼의 가치를 둘 것인지를 결정하기 위해 생명에도 가치를 매기려 한다. 이들은 사람들이 위험을 제거하기 위해 과연 얼마큼의 비용을 기꺼이 감수하는지를 보고 생명의 가치를 계산한다. 위험한 직업과 덜 위험한 직업 간 임금 격차를 확인하는 게 한 가지 방법이다. 미국에서는 생명의 가치를 약 700만 달러로 추정한다.

비교 우위

프랑스는 치즈 생산에, 영국은 맥주 생산에 전문적인 지식을 가지고 있을 때, 두 나라가 무역을 한다면 서로 이득을 얻을 것이다. 프랑스는 더 저렴한 가격에 맥주를 마시고, 영국은 더 저렴한 가격에 치즈를 얻는다. 비교 우위 이론은 영국이 두 가지 모두 뒤처진다고 해도 전문성과 무역의 혜택을 얻을 수 있다고 주장한다. 영국이 맥주 한 통을 만들기 위해 치즈 두 수레의 생산량을 포기해야 한다고 가정해 보자. 한편 프랑스는 맥주 한 통을 추가로 만들기 위해 치즈 세 수레를 포기해야 한다. 영국은 맥주 생산에 있어서 비교 우위를 가진다. 맥주 생산 비용을 치즈로 환산했을 때 프랑스보다 더 적은 비용이 들기 때문이다. 프랑스가 만드는 맥주와 치즈가 모두 절대적으로 훌륭하다고 해도 마찬가지이다. 만약 영국에서 맥주를 전문적으로 만들고 프랑스는 치즈를 전문적으로 만든다면 두 국가 모두 이득을 얻는다. 국가의 비교 우위는 어떻게 결정될까? 장기적으로 한 국가의 비교 우위가 어떻게 결정되는지는 매우 복잡하지만, 자본과 노동력의 가용성이 그 요소 중 하나다.

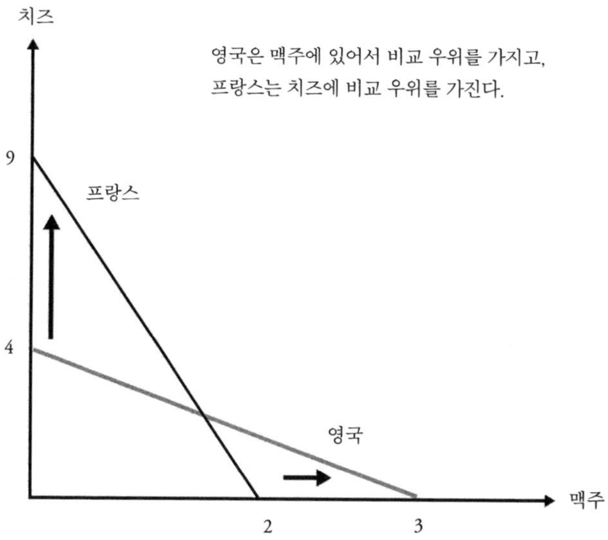
치즈
영국은 맥주에 있어서 비교 우위를 가지고,
프랑스는 치즈에 비교 우위를 가진다.
9
프랑스
4
영국
맥주
2
3

국제수지

어떤 국가의 국제수지는 기업 및 개인이 다른 국가의 기업 및 개인과 돈을 지불하고 받은 기록이다. 국제수지는 언제나 균형을 맞춘다. 지불된 총액은 받은 총액과 같아야 한다. 부족하거나 넘치는 부분은 적자 혹은 흑자가 된다. 예를 들어서 미국이 영국에 1천만 파운드어치 휴대전화를 수출했고, 영국은 미국에 아무것도 팔지 않았다면 영국의 무역 적자는 1천만 파운드가 된다. 하지만 미국 기업이 영국의 자산 1천만 파운드를 가지고 있다면, 이는 '자본 계정'에서 흑자로 기록된다. 이는 양국 간의 자본 흐름으로 기록된다.

사람들은 흔히 무역 적자를 걱정한다. 국내 기업이 낮은 생산성으로 국제적인 경쟁력이 없을 때 적자가 발생하기 때문이다. 하지만 적자가 발생하는 이유는 다양하며, 반드시 나쁘기만 한 것은 아니다. 예를 들어서 빠르게 성장하고 있는 국가의 경우 도로를 건설하기 위해 대량의 아스팔트 및 철강을 수입하느라 적자를 기록할 수도 있다.

/ The balance of payment

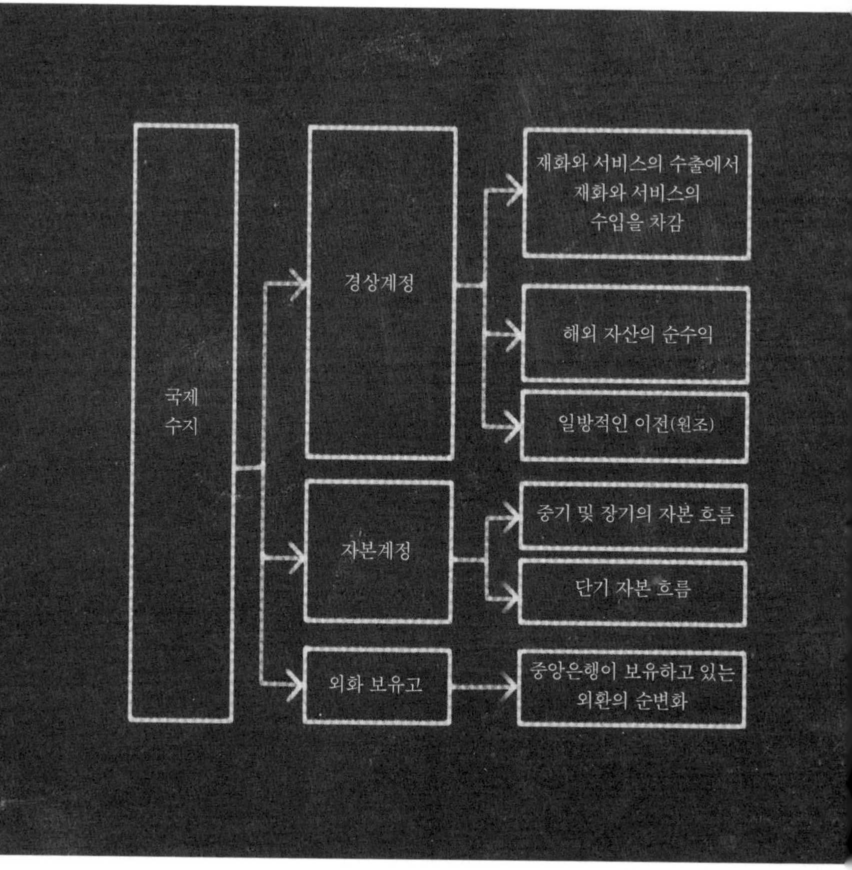

자유무역

자유무역은 지금까지 무역을 막고 있던 해외 물건에 대한 관세나 배당량 혹은 법이나 규제를 없애고 해외시장에 문호를 개방할 때 이루어진다. 대부분의 경제학자들은 자유무역을 환영한다. 시장과 경쟁을 확대하기 때문이다.

초기 자유무역은 1846년 영국이 해외 경쟁으로부터 영국 농민을 보호하기 위해 만들었던 '곡물법'을 철폐하면서 시작되었다. 이후 자유무역은 기세가 꺾였고, 전쟁을 거치면서 쇠퇴했다. 하지만 20세기 말 다시 부상하기 시작했다. 자유무역이 두 국가 간 협약을 통해 이루어질 때도 있고, 세계무역기구와 같은 다자 무역을 통해서 이루어질 때도 있다. 일부 경제학자들은 자유무역 합의가 반드시 좋은 것은 아니라며, 일부 노동자들에게 해가 될 수도 있고, 초기 개발 단계의 국가들의 산업 확장을 위해 해외 경제로부터 보호를 받아야 한다는 점을 지적한다.

곡물법은 영국 농민을 해외시장과의 경쟁으로부터 보호했지만, 공급을 제한해서 가격을 높이는 효과도 있었다. 그 결과 사람들은 수익의 상당 부분을 곡물을 사는 데 써야 했다. 곡물법 폐지를 위해 대대적인 집회가 벌어졌었다.

보호무역주의 및 무역 전쟁

경제 이론은 무역에서 많은 이득을 얻을 수 있다고 주장한다. 특정한 재화와 서비스를 전문적으로 생산하는 두 국가가 무역을 한다면, 양측은 모두 혜택을 얻을 수 있다. 보호무역주의는 해외 수입품에 대해 관세 혹은 한도를 부과해 해외무역을 제한하는 정책이다. 경제학자들 대부분은 보호무역주의가 무역의 장점을 제거하기 때문에, 경제적으로 피해를 입힌다고 주장한다. 경제 위기 중에 보호무역주의가 종종 요구되고는 한다. 국내 경제가 해외 경쟁에서 자유롭다면 성장과 고용을 촉진할 수 있다는 희망 때문이다. 문제는 무역 파트너가 비슷한 정책을 실시할 때, 무역 전쟁이 발생한다는 것이다. 그 결과 1930년대 대공황 중에 그랬던 것처럼 양 국가 사이에 무역과 수익이 줄어든다. 일부 경제학자들은 일시적이고 집중된 보호무역주의는 '막 시작된 산업'을 국제적인 경쟁으로부터 효율적으로 보호하는 보호막을 만들어, 해당 산업이 발전하는 데 도움이 된다고 주장한다.

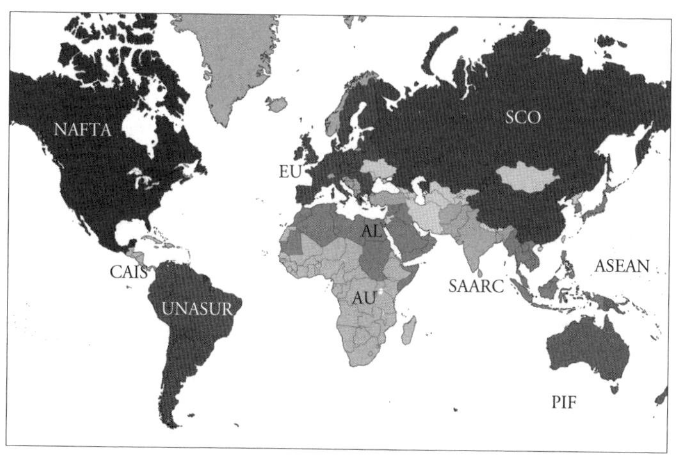

주요 국제무역권

AL : 아랍연맹
ASEAN : 동남아시아 국가 연합
AU : 아프리카 연합
CAIS : 중미 통합 체제
EU : 유럽연합

NAFTA : 북미 자유무역 협정
PIF : 태평양 제도 포럼
SAARC : 남아시아 지역 협력 연합
SCO : 상하이 협력 기구
UNASUR : 남미 국가 연합

세계화 및 시장 통합

세계화는 혼란스럽고 분명하지 않은 용어이다. 경제학자 관점에서 보았을 때 세계화는 지리적으로 떨어져 있던 시장을 통합하는 것이다. 영국 감자와 프랑스 감자가 과거에는 자국에서 생산된 감자만 먹었던 영국과 프랑스의 동일한 소비자를 두고 경쟁할 때 세계화가 촉진된다. 경제 세계화의 지표는 다양한 지역에서 재화의 가격이 똑같아지는 것이다. 즉 런던과 파리의 감자 가격이 동일해진다.

세계화는 운송비가 충분히 낮아져서 무역으로 수익을 창출할 수 있어야 가능하다. 19세기 운송과 철도의 개발이 세계화의 주요 촉매제가 되었다. 정부는 관세를 인하해서 세계화를 지원할 수도 있고, 관세를 높여서 막을 수도 있다. 2차 세계대전 이후 재화와 서비스 시장의 세계화는 빠르게 진행되었다. 금융 세계화 역시 진행되었다. 노동력 이동은 세계화의 또 다른 요소이며 정치적인 성격을 갖는다.

/ Globalization and market integration

무역 및 지리적 위치

얼마 전부터 경제학자들은 산업 특화와 국제무역의 추세가 우연히 발생한다고 생각하게 되었다. 무역의 전통적인 이론은 어떤 국가는 양이 많기 때문에 직물을 수출하고, 또 다른 국가는 기후가 적합하기 때문에 와인을 수출한다고 생각했다. 그러나 비슷한 천연자원과 인구를 가진 선진국 사이에서도 수많은 무역이 진행되고 있다.

철강과 같은 산업은 규모가 클수록 효율적이다. 초기에 공장과 기계에 막대한 투자가 이루어져야 하기 때문이다. 따라서 어떤 국가가 철강을 생산하기 시작하면, 비용 우위가 형성된다. 그러면 다른 국가들은 경쟁이 어려워지고, 이미 철강을 생산한 국가는 철강 수출을 독점하다시피 한다. 다른 국가들도 철강 공장을 처음으로 세우면 좋았을 것이다. 그랬다면 그 국가가 생산을 선도할 수 있었다.

/ Trade and Geography

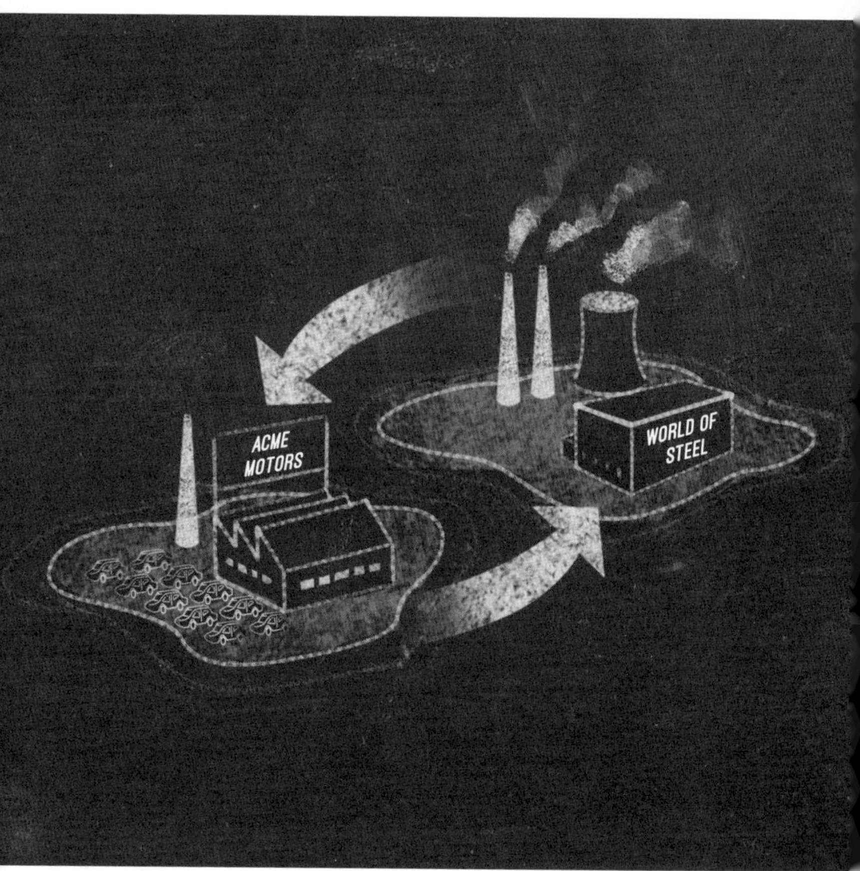

공정 무역

공정 무역을 위한 기구의 목표는 개발도상국의 생산자들에게 국제무역의 혜택을 더 많이 제공하는 것이다. 슈퍼마켓에서 판매하는 커피 한 통을 생각해 보자. 공정 무역을 주창하는 사람들은 에티오피아 커피 농부들이 얻는 수익은 슈퍼마켓에서 판매하는 커피 가격의 일부에 불과하다고 지적한다. 나머지는 비용과 중간 상인들의 수익으로 돌아간다.

농부가 공정 무역 체계에 합류하면, 최저 가격을 보장받을 수 있다. 대신 그는 노동 및 환경 표준을 준수해야 한다. 이 농부가 생산한 커피는 공정한 무역 기준에 따라 판매된다. 서구 사회의 소비자들 중 공정 무역을 중요하게 생각하는 사람들은 이렇게 생산된 커피에 약간의 가격을 더 지불할 의지를 가지고 있다. 이 과정의 목적은 가난한 국가의 농부들이 벌어들이는 소득이 커피 농산물 가격의 등락에 따라 크게 부침을 거듭하지 않도록 보호하는 것이다. 하지만 공정 무역도 비판의 대상이 될 수 있다. 일각에서는 공정 무역이 농부가 아니라 노동력만 제공하는 극빈층을 보호하지 못한다고 주장한다.

브레턴우즈 체제

1930년대 대공황 동안 많은 국가들이 자국의 시장을 보호하기 위해서 해외 수입품을 봉쇄했다. 그 결과 국제 경제가 해체되었다. 1944년 뉴햄프셔 브레턴우즈에서 열린 회의는 국제 협력 재건을 위한 기반을 마련했다. 각 국가의 환율은 미국 달러와 연동되었다. 정부의 금융 및 경제개발을 돕기 위해서 국제통화기금과 세계은행이 만들어졌다. 또 다른 목표는 보호무역주의를 뒤집는 것이었다. 관세 및 무역에 관한 일반 협정(General Agreement on Tariffs and Trade, GATT, 이후 세계무역기구가 되었다)은 지금까지 계속되고 있는 다양한 세계무역 협의를 감독했다.

브레턴우즈 체제는 수십 년 동안 안정적인 성장을 이끌어 왔지만 1970년대에 세계경제가 불안정해지면서 종료되었다. 최근 금융 위기 이후 일각에서는 브레턴우즈 체제를 언급하면서 세계 금융 시스템을 또 한 번 재건할 필요가 있다고 주장하고 있다.

/ Bretton Woods system

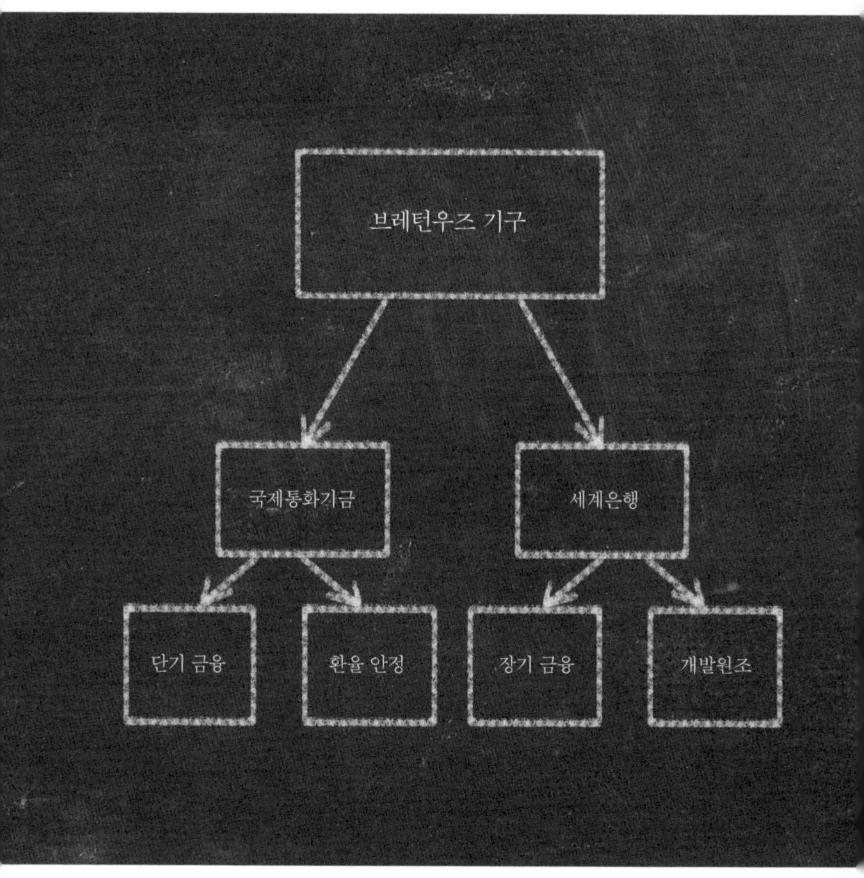

미국의 무역 적자와 국제적인 불균형

세계 최대의 경제 규모를 자랑하는 미국은 수년 동안 '무역 적자'를 유지하고 있다. 다시 말해서 수출보다 더 많이 수입하고 있다. 미국의 무역 적자는 해외로부터의 자본 흐름에 의해 지원을 받는다. 거대한 미국의 무역 적자와 그에 맞는 해외 자본의 유입은 국제무역 체계 안에서 불균형을 초래하고 있다. 이런 불균형은 자연스러운 것이며, 꼭 문제라고 할 수는 없다. 하지만 그 규모가 너무 크고, 불균형이 지속되면서 일부 전문가들이 우려를 표하고 있다. 일각에서는 최근 금융 위기의 원인이 되었다고 주장한다. 미국의 무역 적자는 세계 다른 곳에서 자본의 흐름을 만들어 내면서 세계적인 '과잉 저축'을 형성하는 중국의 흑자로 반영된다. 중국의 저축은 서구 사회의 금융시장으로 흘러들어 가면서, 과도한 대출로 이어지고 있다. 그중 일부는 금융시장을 뒤흔들었던 무분별한 부동산 대출(p.128)로 흘러들어 갔다. 미국 무역 적자의 규모는 논란의 대상이 되고 있다. 만약 자본의 유입이 줄어들면, 적자를 감당할 수 없기 때문에 경제가 큰 타격을 받을 것이라는 우려도 제기되고 있다.

/ The US trade deficit and global imbalances

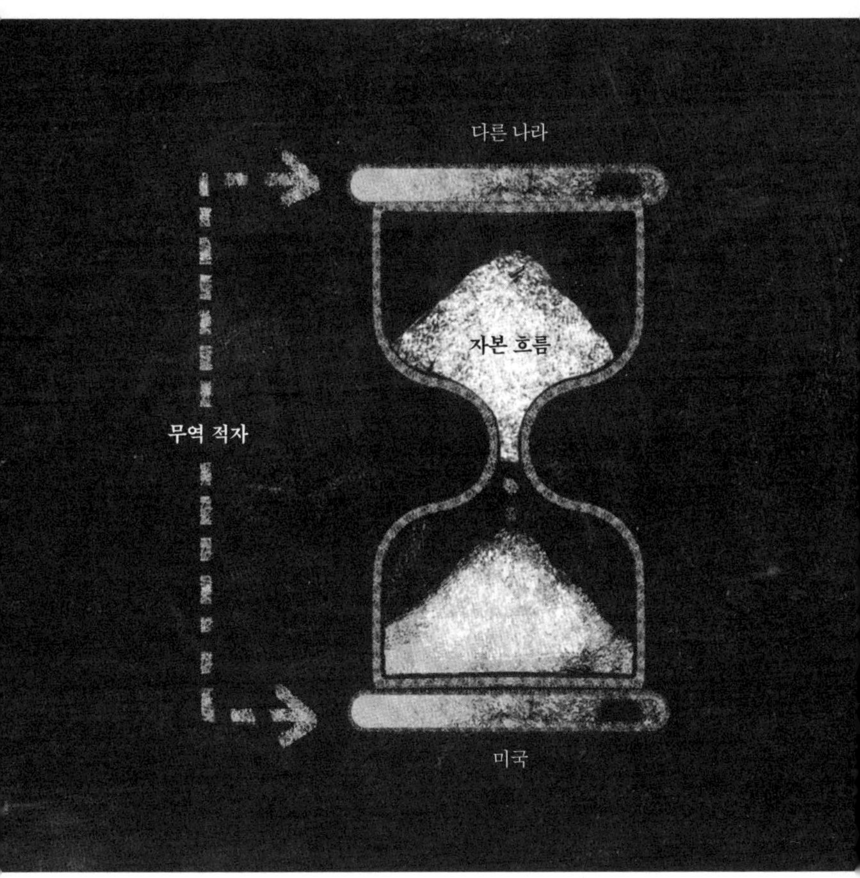

국제적인 자본 흐름

지난 몇 십 년 동안 국가 사이에 자본 흐름은 세계경제의 산출량보다 훨씬 빠르게 증가해 왔다. 누군가 주식 혹은 채권을 매입하거나 기업에 직접 투자를 하면, 해당 국가로 자본이 이동한다. 대부분 자본은 선진국 사이에서 이동한다. 하지만 일부 개발도상국도 약간은 담당한다. 해외 자본이 없으면, 국가는 국민들의 저축으로만 투자를 해야 한다. 자본의 유입은 이런 한계를 해결하고, 성장 잠재력을 높인다.

경제를 해외 투자에 개방하는 정책을 자본 자유화라고 부른다. 특히 개발도상국은 이 정책의 혜택이 경제 모델만큼 확실하지가 않다. 일부에서는 자유화가 개발도상국에서 금융 위기를 만연하게 만든다고 비난한다. 자본의 흐름은 종류에 따라 다른 영향력을 갖는다. 예를 들어서 일부 연구에서는 특정 국가의 비즈니스에 대한 직접투자가 대출보다 성장에 더 큰 영향을 미친다고 지적한다.

총 국제 자본 흐름, 1980~2005

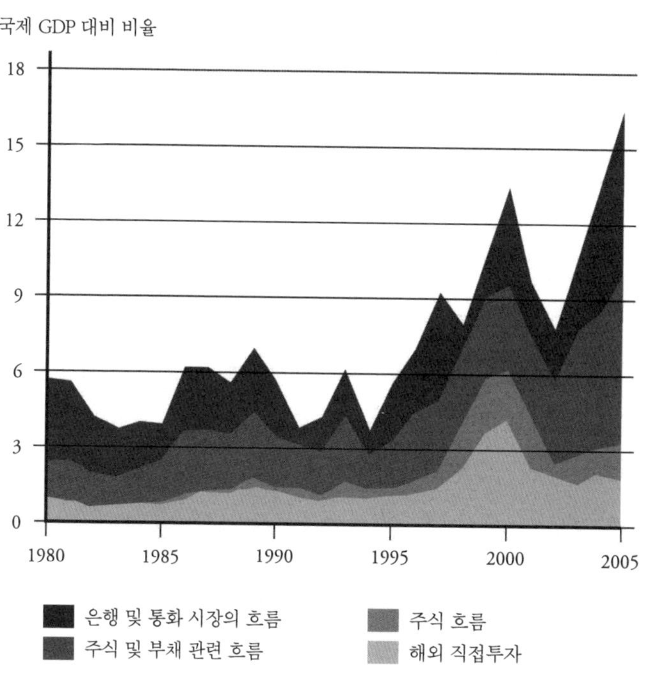

다국적기업

다국적기업은 다양한 국가에서 공장과 사무실을 운영한다. 다국적기업의 구성은 시장의 세계화에 중요한 요소였다(p.310). 왜 기업들이 판매를 원하는 국가에서 사업을 운영해야 할까? 브리티시 필즈 인코퍼레이티드라는 기업이 인도에서 신약을 개발하기를 바란다고 가정해 보자. 영국에서 생산해 수출을 하면 되지 않을까? 가능은 하다. 하지만 저렴한 원재료나 노동력 등을 사용할 수 있는 인도에서 생산하는 것이 더 유리하다. 그렇다면 인도 기업에 신약 생산을 위한 라이선스를 제공하면 되지 않을까? 이를 꺼리는 첫 번째 이유는 브리티시 필즈가 '특정한 자산'을 가지고 있기 때문이다. 예를 들어 특별한 제조 방식이나 비밀 신약을 뜻한다. 이 자산의 가치는 다른 기업이 접근할 경우 하락한다. 곧 경쟁 제품이 만들어질 가능성이 있기 때문이다. 브리티시 필즈가 인도에 직접 공장을 세우는 것이 더 나은 대안이다. 다국적기업이 어디에 해외 지사를 설립할지 결정하는 것은 시장의 크기, 지역 시장의 생산 비용, 세금, 법적 환경 등의 요소에 따라 달라진다.

/ Multinational firms

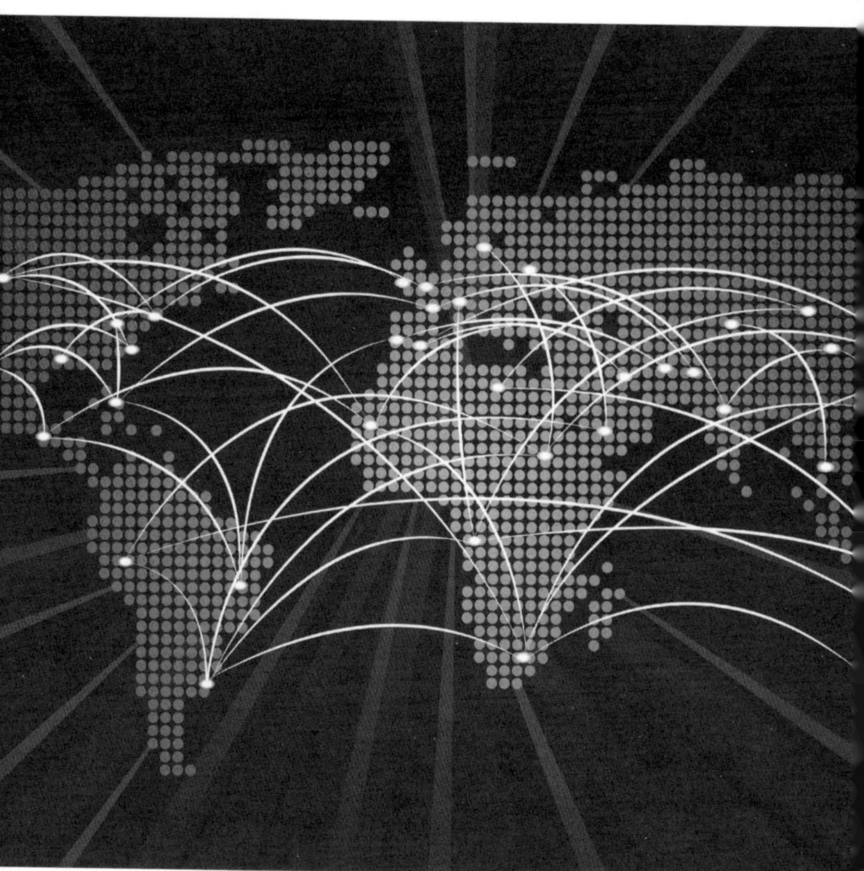

노동력 이동

노동력 이동은 시장 개발의 중요한 요소이다. 국가가 산업화되면 노동자들은 산업이 제시하는 높은 임금을 따라 농촌에서 도시로 이동한다. 국제적으로도 비슷한 현상이 발생한다. 19세기 동안 신대륙으로 수많은 사람들이 이동했다. 이후 국제적인 이동은 여전히 중요한 요소로 남아 있다. 경제학자들은 국가 내 이동과 마찬가지로 국제적 이동에서도 임금격차가 중요한 역할을 한다고 강조한다. 저소득 국가에서 고소득 국가로 이동한다는 뜻이다. 임금 면에서 국가별 차이가 사라지면 이동도 둔화된다. 현실적으로 노동력의 이동은 경제 모델이 제시하는 것보다 훨씬 복잡하다. 모든 종류의 문화 및 사회적 요소가 개입되며, 문제는 정치화된다. 그럼에도 불구하고 노동력 이동이 재화 및 금융의 팽창과 마찬가지로 세계화의 논리를 따른다는 사실을 생각하면, 기본적 경제 논리를 적용할 수 있다.

/ Labour migration

실질 환율과 명목 환율

환율은 통화의 수요와 공급에 따라 결정된다. 환율은 다른 국가의 재화와 서비스를 구매하고 판매할 때 사용된다. 명목 환율은 은행에서 고시된다. 예를 들어서 미화 1달러는 0.65파운드와 같다.

하지만 명목 환율은 자국 통화로 다른 국가의 통화를 정확하게 얼마나 살 수 있느냐를 말해 주지 않는다. 국가별 가격수준에 따라 실질 환율이 이를 측정한다. 실질 환율은 영국 사과를 미국 사과로 몇 개나 살 수 있는지를 말해 준다. 영국의 실질 환율은 명목 환율이 상승할 때 동반 상승한다. 하지만 재화가 비싸지면 혹은 미국의 재화가 싸져도 상승한다. 영국 실질 환율의 하락은 다른 국가에 비해 재화가 저렴해진다는 뜻이다. 그렇게 되면 영국 안팎의 소비자들은 영국 물건을 구매하려고 한다.

/ Real and nominal exchange rates

고정환율제와 변동환율제

환율 체계에는 고정과 변동 사이의 스펙트럼이 존재한다. 순수한 변동환율제에서 한 나라의 통화 가격은 통화의 수급에 따라서 상승한다. 통화 가격은 수요가 증가하거나 공급이 하락하면 상승하는 경향이 있다.

반대로 고정환율제에서는 정해진 환율이 계속 유지된다. 예를 들어서 아르헨티나 정부는 환율을 미국 달러 대비 2:1로 유지한다. 중개 시스템이 있을 때도 있다. 환율의 변동 폭을 설정해서, 이 변동 폭 안에서 등락을 허용하는 것이다. 고정환율제는 한 국가의 통화정책(통화의 공급량과 금리에 대한 통제)을 제한한다. 통화정책이 환율과 일관되어야 하기 때문이다. 변동환율제에 비해 경제 조건에 따라 통화정책을 변경할 수 있는 여지가 적다. 하지만 고정환율제가 경제 안정성을 높인다는 주장도 있다.

/ Fixed and floating exchange rate system

금본위제도

금본위제도에서는 금이 통화로 사용된다. 하지만 그보다 흔한 형태는 돈을 금으로 바꾸는 것이다. 금본위제도는 20세기 초반에 사용되었고, 어떤 사람들은 금을 사용하면 국제 통화정책이 더 안정될 것이라는 향수에 젖기도 한다. 금본위제도에서 통화는 금을 기준으로 가치가 책정된다. 이는 다른 통화와 비교했을 때 가치(환율)가 고정된다는 뜻이다. 금본위제도가 성공적으로 활용되면, 무역의 불확실성을 줄일 수 있다. 또한 정부가 가격 안정성을 유지하도록 만든다. 금을 기준으로 통화를 통제하면, 쉽게 통화량을 늘릴 수 없기 때문이다. 하지만 금본위제도가 경제에 대한 구속으로 작용할 때도 있다. 대공황 때는 정부가 통화량을 늘려 경제를 부양할 수 있는 능력을 제한하는 바람에 불황이 길어졌다. 많은 경제학자들이 가격의 원칙과 안정적인 통화를 중요하게 생각하지만, 전통적인 금본위제도로의 회귀를 주장하는 사람은 거의 없다.

/ The gold standard

외환 위기

1970년대 이후 외환 위기가 일반화되었다. 외환 위기는 통화가 대량으로 매각되어 가치가 하락할 때 발생한다. 통화가 고정되어 있다면(특정 환율을 유지한다면), 가치 절하를 통해 환율을 포기해야 한다. 외환 위기가 발생하는 한 가지 이유는 환율과 다른 경제정책이 상충하기 때문이다. 정부가 세수보다 더 많이 지출한다고 가정해 보자. 지출을 부담하기 위해서 통화공급량을 늘린다면, 통화가치가 하락한다. 환율을 유지하기 위해 정부는 외환 보유고를 이용해 자국의 통화를 사들여야 한다. 결국 외환 보유고는 바닥이 나고, 통화가치는 저하된다. 외환 위기의 또 다른 이론은 사람들의 걱정에 의해서 발생한다는 것이다. 너무 많은 사람들이 통화가치를 걱정하면, 대대적인 매도세를 촉발시키고 위기로 이어질 수 있다. 최근 몇 십 년 동안 발생한 개발도상국의 외환 위기는 갑작스럽게 해외 자본 유입이 중단되면서 발생했다.

단일 통화

전 세계가 하나의 통화를 이용한다면 너무 제한적일 것이다. 하지만 각 도시가 서로 다른 통화를 사용한다면 경제적인 삶은 끔찍하게 복잡해질 것이다. 역사적인 이유로 나라마다 다른 통화를 사용해 왔다. 유럽 국가들은 단일 통화인 유로를 사용하기도 한다. 만약 통화가 국경과 일치하지 않는다면 하나의 통화가 가지는 최적 범위는 어디까지일까? 무역 파트너가 단일 통화를 이용한다면 환전에 드는 비용을 줄이고 무역을 늘릴 수 있다. 하지만 자국 통화를 가진 국가는 통화정책(통화 공급량 및 금리 조절)에 대한 통제권을 갖는다. 단일 통화에서는 포기해야 하는 권한이다. 유로화의 경우 통화정책은 유럽 중앙은행이 결정한다. 회원국의 경기 순환이 조화로울 때에는 문제가 없다. 회원국이 각기 다른 통화정책을 필요로 할 때 문제가 발생한다. 2008년에 시작된 경제 위기 이후가 바로 이런 상황이었다. 유럽이 단일 통화를 위한 최적의 지역인지 의문이 제기되고 있다.

1
EURO

환율 하락

만약 파운드가 지난 주 2.50달러였는데 오늘 2.30달러라면, 가치가 하락한 것이다. 파운드는 가치가 하락했고, 달러는 상승했다. 변동환율제에서 통화의 가치는 어떻게 결정될까? 간단하게 말해서 통화의 가격은 펜의 가격과 마찬가지이다. 수요와 공급의 법칙에 의해서 결정된다. 인플레이션이 높은 나라에서는 환율이 하락하는 경향이 있다. 통화의 구매력이 감소하기 때문이다. 금리가 높으면 해외 자본을 끌어들이고 환율 상승을 유발한다. 환율은 또 수입과 수출에 영향을 받는다. 수입이 수출을 초과해서 무역 적자를 기록하면, 통화가치가 하락한다. 하지만 통화가치 하락은 도움이 된다. 국내에서 생산된 재화가 국제적으로 경쟁력을 갖게 되고, 수출이 늘어나기 때문이다. 현대의 세계화된 자본 시장에서 투자자들이 위험을 감지하면 환율에 영향이 미친다. 정치적인 불안정은 투자자들을 위협하고, 통화가치 하락으로 이어진다.

/ Exchange rate depreciation

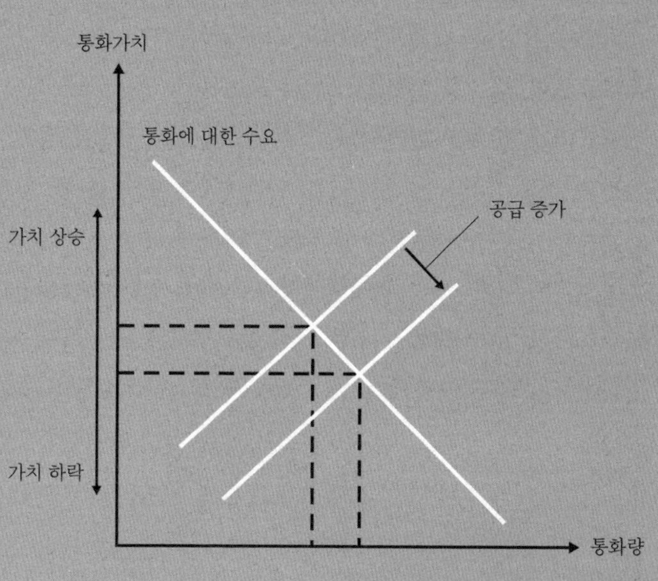

수요가 정해져 있을 때, 통화 공급의 증가는
시장가치의 하락으로 이어진다.

경제학과 윤리

애덤 스미스, 존 스튜어트 밀과 같은 경제학 창시자들은 철학자였다. 이들은 경제학 분석에 윤리적인 요소를 주입했다. 하지만 이후 경제학과 도덕철학의 연관성은 줄어들었다. 현대 경제학은 수학적 모델과 정교한 통계로 구성되며, 종종 냉혹한 현실을 다루는 객관적이고 과학적인 학문으로 생각된다. 반면 윤리는 주관적이며, 과학적인 분석과는 맞지 않는다고 생각된다. 그래서 전혀 다른 영역으로 여겨진다. 하지만 경제학이 가지고 있는 핵심적인 의문은 서로 다른 욕망을 가진 개인들 사이에서 희소한 자원을 어떻게 할당하느냐이다. 병원, 대학, 쇼핑센터 중에서 무엇을 지어야 할지의 문제는 강한 윤리적 측면을 띠고 있다. 많은 학자들이 경제학과 윤리의 상관 관계에 흥미를 가지고 있다. 최근 개인의 경제활동에 관한 연구에서는 사람들의 행동이 경제적 계산뿐 아니라 공정한 원칙 등 도덕적 신념에 의해서도 좌우된다는 사실을 확인했다.

/ Economics and ethics

종교와 경제

경제학자들은 종교를 포함해 사회적인 규범과 신념이 경제적인 부에 영향을 미치는 방법에 대해 전보다 더 큰 관심을 갖게 되었다. 종교적 기관은 '사회적자본'〔p. 366〕의 한 종류로 볼 수 있다. 경제적인 혜택을 주고받는 개인 간 네트워크이자 관계이기 때문이다. 반면 여성의 노동시장 참여 제한 등의 종교적 제약은 시장의 팽창을 막는다. 독일의 사회학자이자 경제학자인 막스 베버는 처음으로 종교적 신념이 경제 기능에 미치는 영향을 연구한 학자 중 한 명이다. 그는 기독교가 유럽에서 근면을 강조하며 경제개발을 추진했다고 주장했다. 베버는 또 검소함과 수익 창출이 종교적 덕목이 되어 자본주의를 발전시켰다고 주장했다. 최근 경제학자들은 '아시아의 가치' 혹은 유교를 통해서 아시아 국가의 부상을 설명하려고 한다. 이론적인 측면에서 이들 아이디어의 상당 부분은 아직까지 추정이다. 또한 다양한 사회에서 종교의 영향을 실험적으로 증명하기는 어렵다.

/ Religion and the economy

경제학과 문화

경제학과 문화 중 어떤 것이 먼저일까? 만약 음향 기기를 친구에게 판매한다면, 서로에게 도움이 될 것이라고 생각해서 저렴한 가격을 제시할 수 있다. 친구와 선물을 교환할 때도 있다. 이런 행동은 경제적 자원의 배분에 영향을 미친다. 하지만 동시에 문화적인 측면도 있다. 경제학자들은 개인이 합리적으로 수익을 극대화하는 존재라고 생각한다. 만약 그렇다면 왜 친구에게 가장 높은 값을 받아 내지 않고, 무조건 싼 선물을 사 주지 않는 것일까? 오스트리아의 경제학자이자 인류학자인 칼 폴라니는 경제적 이성이 아니라 사회적 문화와 규칙이 경제조직을 결정한다고 주장한다. 특히 전통적인 사회에서 그렇다. 하지만 현재 경제 사회에서도 문화는 경제활동에 영향을 미친다. 전통적인 경제학자들은 문화적 행동 속에 냉철한 경제적 계산이 숨어 있다고 주장할지도 모른다. 내가 너를 도우면, 너도 나를 돕는다는 것이다. 정말 중요한 것은 여전히 순익과 보상이라는 뜻이다. 반면 폴라니는 관습이 수익 추구와 전혀 다르다고 주장했다.

/ Economics and culture

사람이 경제적으로 합리적인 존재라면
선물은 왜 주는 것일까?

제도와 재산권

재화를 구매 혹은 판매하기 위해서는 재산권이 필요하다. 재산권이 존중된다는 믿음이 없으면 경제활동은 줄어들 것이다. 경제생활의 가장 기본적인 전제 조건(재산권 포함)에 대한 분석은 부의 창출을 이해하는 데 꼭 필요하다. 재산권은 경제학자들이 '제도'라고 부르는 것이다. 개인, 기업, 정부의 경제활동을 통제하는 '게임의 법칙'이다. 이 규칙은 공식적인 법과 규율 혹은 사회적인 규칙과 관습이다.

경제학자들은 재산권의 중요성을 강조해 왔다. 무역, 투자, 혁신을 위한 인센티브를 창출하는 데 필수적이라는 생각에서다. 정치적 불안정과 정부의 탐욕은 재산권에 피해를 준다. 동시에 정부의 성장은 시장의 성장과 함께 이루어진다. 따라서 경제적 번영을 가능하게 하는 제도를 파악하는 것은 어려우면서도, 아직 완성되지 않은 작업이다. 또한 다른 누군가에게 장애가 되는 제도가 다른 국가 혹은 다른 시대에는 도움이 될 수 있다.

/ Institution and property rights

마르크스경제학

카를 마르크스에게 자본주의는 역동적이면서 혁신적인 경제 시스템이었으며, 초기 공공경제의 발전된 형태였다. 마르크스는 자본주의가 단점을 가지고 있으며 결국에는 붕괴할 것이라고 주장했다. 자본주의사회에서, 자본의 소유주는 노동자를 고용한다. 마르크스는 재화의 가치가 생산에 투입된 노동력에 있다고 말했다. 자본가들이 수익을 얻기 위해서는 이 가치 이상의 잉여가치를 추출해야 한다. 따라서 노동자들은 낮은 임금과 실업의 위협에 의해 착취를 당한다. 기술과 분업은 순익의 또 다른 원동력이다. 자본주의에서 노동자는 오두막에서 카펫을 만드는 것이 아니라 공장에서 기계와 하루 종일 씨름을 해야 한다. 이것이 바로 '소외된 노동'이다. 자본주의는 사람들의 창의력을 빨아들이고, 인간관계를 악화시킨다. 마르크스는 노동자와 자본가 사이의 충돌로 자본주의가 전복되고 공산주의가 건설될 것이라고 믿었다. 공산주의국가의 붕괴에도 불구하고 마르크스의 사상과 경제, 사회, 정치의 연결 관계는 여전히 영향을 미치고 있다.

/ Marxist economics

노동가치론

19세기까지 재화의 가치는 생산에 투입된 노동력에서 나온다고 믿었다. 노동자가 50시간 동안 노동을 투입해서 만든 의자는 5분 동안 만든 스툴보다 10배 가치가 있다고 했다. 공장에서 만든 재화의 가치도 추적이 가능했다. 공장에서 만든 의자는 사람이 조작한 기계에 의해서 생산되었다. 기계는 또 다른 노동자에 의해 만들어졌다. 기계를 만들기 위해 사용한 철강 역시 다른 노동자가 만든 것이었다. 노동가치론은 카를 마르크스와 밀접한 관계가 있다. 그는 재화의 가치가 노동에서 나온다면 어떻게 순익이 창출되는지에 대해 의문을 제기했다. 마르크스는 자본가들이 노동자를 착취하고, 잉여가치를 가져가고 있다고 주장했다〔p.346〕.

19세기부터 경제학자들은 노동가치론에서 멀어지기 시작했다. 만드는 데 10시간이 든 옷의 가치가 2시간 걸려 세공한 다이아몬드보다 5배의 가치를 가지지 않을 수 있다는 것이었다. 가치는 사람의 욕망과 수급에 의해 결정되었다.

/ The labour theory of value

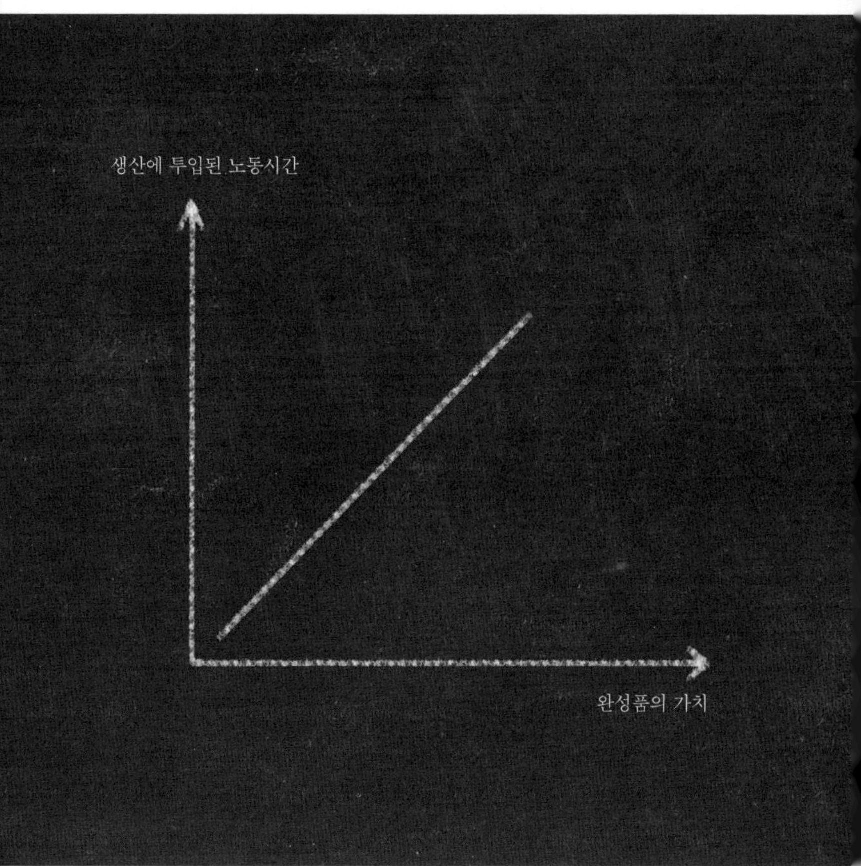

중앙정부의 계획

공산주의가 시작되면서 경제 이론가들은 사회주의와 시장 기반 체제를 비교하기 시작했다. 오랫동안 경제학에서 유지되어 온 논리는 시장가격이 자원의 효율적 배분을 가능하게 한다는 것이다. 만약 많은 사람들이 자전거를 원한다면, 자전거의 가격은 상승한다. 그래서 생산을 촉구하게 된다. 사회주의 체제에서는 중앙정부의 계획이 무엇을 생산할지를 결정했다. 일각에서는 이런 방식도 재화의 효율적인 배분을 실현한다고 주장했다. 시장을 재현하고, 불평등을 줄인다는 주장이었다. 오스트리아의 경제학자 루드비히 폰 미제스는 이런 가능성을 부인했다. 다양한 재화의 진정한 사회적 가치를 반영하는 가격은 수급에 의해서만 결정된다는 것이었다. 미제스는 중앙정부가 수천 개가 넘는 재화 및 서비스를 통제한다면 너무나 복잡하고, 그 결과 사람들이 원하는 것과 생산하는 것을 맞추는 데 상당한 비효율과 오류가 발생한다고 주장했다. 이는 공산주의국가들이 결국 직면하게 된 다양한 문제 중 하나였다.

사회적 시장

1997년 영국에서 토니 블레어가 집권했을 때 '제3의 길'이 수없이 언급되었다. 좌파와 우파, 그 사이에서 경제를 경영하겠다는 뜻이었다. 실질적으로 좌파와 우파를 합하려는 노력은 2차 세계대전 직후부터 시작되었다. 당시 경제학자들은 '사회적 시장경제'라는 모델을 제안했다.

이후 많은 유럽의 선진국에서 사회적 시장은 민간 기업과 보건 및 교육과 같은 재화와 서비스를 제공하는 정부를 결합시켰다. 이들 국가는 실업, 사회보장, 연금, 여타 정부 지출로 시장의 사회적 영향을 줄이기 위한 '안전망'을 만들었다. 많은 정부가 세금 정책으로 부유층의 재산을 빈곤층에 다시 배분했다. 이 아이디어는 생산성과 자본주의의 역동성을 활용하는 한편 사회주의의 평등 및 공평함을 유지하는 것이었다. 현재 대부분의 유럽 경제가 시장과 정부 개입을 결합하고 있다.

/ The social market

노동조합

노동시장의 교과서적 모델은 노동자 수백만 명이 계약에 따라 고용주와 일을 하는 것이다. 하지만 산업자본주의가 부상하면서, 고용주는 거대한 기업으로 바뀌었다. 노동조합의 중요한 기능은 강력한 고용주에 대응하기 위해서 노동자들의 협상력을 강화하는 것이다. 단체교섭을 하고, 노동자 간에 경쟁을 하지 않기로 합의하면서, 노동자들은 더 나은 급여를 얻을 수 있다. 고용주 역시 노동조합과의 협상을 선호할 수 있다. 임금과 노동조건 결정이 단순화되기 때문이다. 하지만 노동조합의 역할은 이것보다 더 복잡하다. 노동자와 고용주의 상호 관계를 중재해야 하기 때문이다.

노동조합은 조합원에게만 높은 임금을 확보해 주고, 비조합원은 배척하고 실업 상태로 내몬다는 이유로 일부 경제학자들의 비난을 받기도 한다. 최근 몇 십 년 동안 많은 정부들이 노동조합의 힘을 축소하려고 노력했다. 경제의 현대화에 방해가 된다는 생각 때문이었다.

PUBLIC AND COMMERCIAL SERVICES UNION
NORTH WEST REGION
EQUALITY
pcs
UNITY
SOLIDARITY
Yorkshire Branch
pcs
pcs.org.uk
There is an alternative...
...invest in housing and transport
pcs
Defending Jobs and Services
There is an alternative...
UNISON

결핍과 배급

시장이 제대로 기능할 때 수요는 공급과 일치한다. 결핍 없이 시장가격으로 지불할 의사가 있는 사람은 누구나 재화를 얻을 수 있다. 반면 헝가리 경제학자 야노스 코르나이는 중앙 계획경제에서 왜 결핍이 발생하는지 설명했다.

표준 시장에서 기업은 예산이 부족하다. 그래서 충분한 매출을 창출해 비용을 메워야 한다. 이는 투입량은 가능한 적게 유지하도록 만들면서 효율적인 생산을 보장한다. 코르나이는 중앙 계획경제에서는 기업들이 심각한 예산 부족을 겪지 않는다고 지적했다. 손실을 보더라도 정부가 구제해 주기 때문이다. 결과적으로 기업은 투입 혹은 산출을 경제적으로 결정할 인센티브를 가지고 있지 않다. 기업이 생산량은 늘리지 않고 투입량을 좀먹기 때문에 결핍이 발생한다. 결국에는 소비자들은 재화를 얻기 위해서 줄을 서게 된다. 자본주의경제에서도 예산 제약이 늘 결정적인 건 아니다. 어떤 기업들은 '대마불사'로 간주되어 납세자들의 돈으로 구제를 받는다. 2007~2008년의 금융 위기에서 일부 은행이 이런 경우였다.

경제적 자유주의

20세기 저명한 경제학자 두 명을 꼽으면 프리드리히 하이에크와 존 메이너드 케인스이다. 이 두 사람은 지적인 영역에서 정반대의 입장에 서 있었다. 하이에크는 시장의 우월성을 믿었고, 케인스는 시장이 실패하면 정부의 개입이 필요하다고 주장했다.

하이에크는 극단적인 경제 자유주의자였다. 그는 시장이 자유와 등가물이라고 생각했다. 정부가 시장에 간섭하면 자유를 공격한 것이고, 그 결과 정치적 통제가 증가하고 독재가 시작된다고 믿었다. 그는 어떤 형태의 중앙정부 계획보다 개인이 조율하는 것이 더 낫다는 믿음을 근거로 시장을 옹호했다. 사람들은 불확실한 환경에서 결정을 내린다. 하이에크는 협소한 지식을 기반으로 행동하는 사람들이 가격에 영향을 미치기 때문에, 시장가격은 해당 지역의 조건에 대한 모든 정보가 추출된 것이라고 믿었다. 이런 방식으로 '우발적인 질서'가 만들어진다고 생각했다. 하이에크는 중앙정부는 절대로 모든 정보를 수집하고 해석할 수 없다고 주장했다.

/ Economic liberalism

과시적 소비

제인이 새 코트를 샀다고 가정해 보자. 표준 경제학은 제인이 재화와 서비스에 대해서 안정된 욕구를 가지고 있다고 추정한다. 이 욕구가 만족되면 행복 지수는 높아진다. 제인이 특정한 코트를 선택한 이유는 겨울이 다가오고 있고 디자인이 마음에 들기 때문이다. 제인은 욕구를 스스로 충족했다. 이는 다른 사람의 판단과 관련이 없다.

하지만 제인이 재산을 과시하기 위해서 아르마니 코트를 구매한다면, 미국의 경제학자인 소스타인 베블런이 말하는 과시적 소비를 한 것이다. 그녀가 코트를 원했던 이유는 다른 사람의 눈에 띄기 위해서다. 소위 말하는 '높은 사회적 지위'를 나타내기 위해서 구매한 것이다. 아르마니 코트는 제인은 살 수 있지만 다른 사람은 살 수 없는 재화이기 때문이다. 나라가 부유해지면 아르마니 코트를 살 수 있는 사람이 늘어나고, 제인은 자신의 지위를 과시하기 위해서 요트를 사기 시작할지도 모른다. 베블런은 이런 이유로 과시적 소비가 쓸모없다고 주장했다.

/ Conspicuous consumption

가족 경제학

경제 분석은 전통적으로 개인과 기업에서 시작한다. 개인은 가족의 구성원이기도 하다. 가족 경제학은 가족 내에서 결혼, 출산, 자원의 배분에 대한 사람들의 결정을 분석하는 데 경제학 원칙을 사용한다. 결혼은 자원을 모으고, 노동력을 다양한 가사 노동에 배분하고, 시장의 위험을 공유하도록 만든다. 다양한 가족 구성원은 자원 활용 방법에 다른 선호도를 가지고 있을 수 있다. 연구에 따르면 아이들과 관련된 소비에 있어서 어머니가 아버지보다 더 큰 비중을 차지하는 것으로 나타났다. 그래서 개발도상국의 정책은 어머니에게 가족 자원에 대한 더 큰 통제권을 제공하는 것을 목표로 한다. 그래야 아이들의 영양과 교육이 개선될 가능성이 있기 때문이다. 가족 경제학은 출산과 관련된 행동도 연구한다. 이때 아이들의 '수'와 '질'이 구분된다. 교육이 높은 미래 소득을 가져다준다면, 부모는 아이들의 수를 줄이고 교육에 더 많은 지출을 한다. 양보다 질을 선택하는 것이다. 경제의 다양한 변화에 따라 비슷한 종류의 교환이 발생한다.

개발도상국의 소액 대출 프로그램은 여성들이 소규모 비즈니스를 창업하도록 대출을 해 준다. 어머니가 더 현명하게 투자한다는 아이디어 때문이다.

젠더

표준 경제학은 젠더에 대해 거의 신경을 쓰지 않는다. 경제학은 기업과 합리적이고 젠더 구분이 없는 개인 간의 상호 작용으로 구성된다. 하지만 최근 일부 경제학자들이 좀 더 세부적으로 젠더 역할을 고려하기 시작했다. '합리적인 경제적 인간'이라는 출발점이 여성이 직면하는 차별이나 힘의 불균형을 해결하지 못한다는 주장이다. 게다가 경제를 측정하는 현재의 방법은 여성의 공헌을 적절하게 고려하지 못한다. 여성은 가정에서 상당한 일을 수행한다. 아이와 가족을 보살피고, 요리를 하고, 청소를 하고, 그 외에도 많은 일을 한다. 이런 일은 공식적인 경제활동으로 포함되어 적절한 대가를 지급받지 못하기 때문에, 국가의 소득으로 고려되지 않는다. 거시경제학 정책은 남성과 여성에 다른 영향을 미친다. 지출이 줄면 여성은 특히 타격을 받는다. 특히 보건과 교육이 줄어들면 가정 내에서 여성의 책임이 늘어날 때가 있다. 비판론자들은 GDP가 경제 발전의 일부만을 측정한다고 주장한다. 인간의 행복은 여성의 사회적 지위 등 더 넓은 요소에 따라 결정된다.

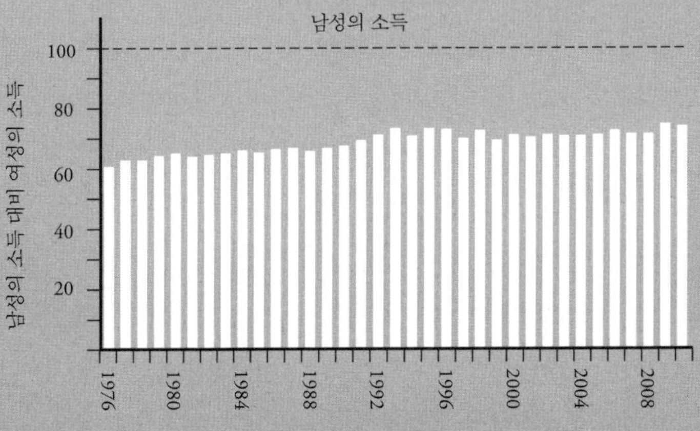

모든 시간대에 걸쳐 여성의 소득은 남성의 소득에 비해 뒤처진다.
1976~2011년까지 캐나다의 소득 비율 그래프에서도 확인할 수 있다.

사회적자본

전통적으로 경제학자들이 말하는 자본은 물리적인 것이다. 예를 들어 컨베이어 벨트, 전기 철탑, 선반 등이다. 이와 더불어 노동은 재화 생산에 사용된다. 최근 경제학자들은 사회적자본에 대해 이야기하기 시작했다. 사회적 자본은 더 넓게 말하면 개인 간의 사회적 네트워크와 신뢰를 뜻한다. 기계와 마찬가지로 사회적자본은 생산에 투입되며, 사회적자본이 늘어날수록 경제활동도 증가한다.

경제활동을 구성하는 시장 교환과 정보 공유는 사회적자본에 의존한다. 신뢰가 없으면 가장 기본적인 경제활동도 어렵다. 사회적 네트워크에 속한 개인은 시장에 어떤 기회와 일자리가 있는지 배운다. 또한 타인과 조율을 한다. 경제학자들은 사회적자본을 측정하고, 이를 국가의 경제적인 부와 연결하기 위해 노력해 왔다. 하지만 이 아이디어 역시 비판을 받고 있다. 일각에서는 너무 막연한 개념이며, 경제활동에 대한 견고한 설명을 제공하지 못한다고 한다.

/ Social capital

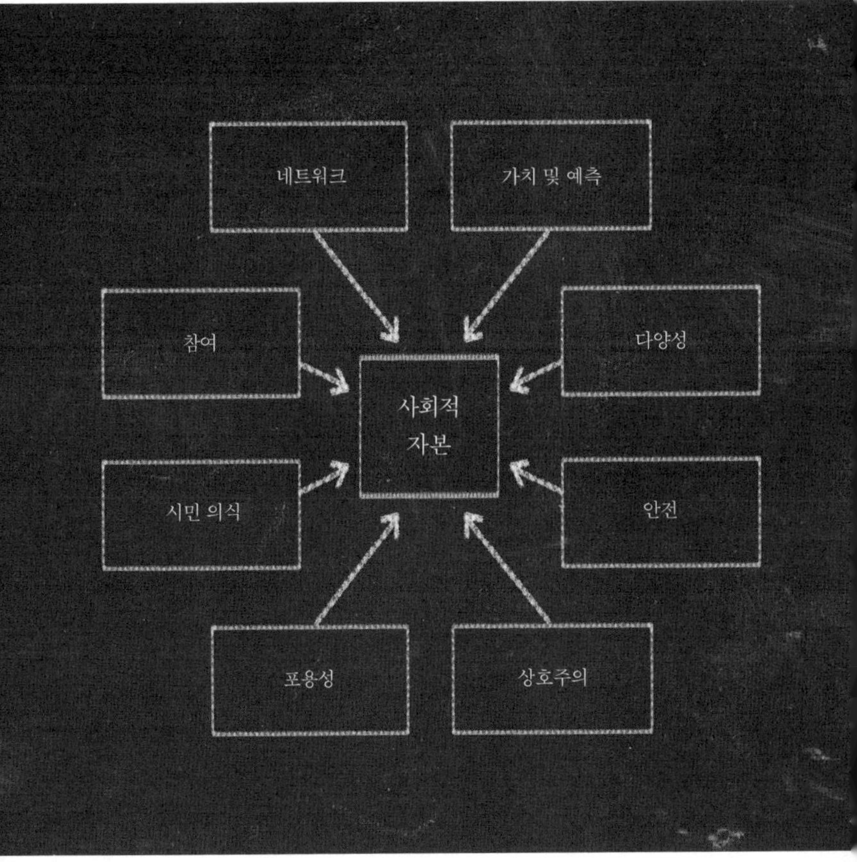

경제개혁

경제활동은 자유 시장에서부터 정부가 통제하는 공산주의까지 모든 경제적 체제에서 발생할 수 있다. 경제개혁은 시스템의 특성을 바꾸기 위한 (가능하면 개선하기 위한) 정부의 활동을 포함한다. 유명한 예가 '충격 요법' 개혁이다. 갑작스럽게 시장의 힘을 받게 된 동유럽의 공산주의국가들이 붕괴된 후 적용된 것이다. 아프리카 역시 비슷한 종류의 개혁을 경험했다. 이런 변화는 긍정적인 결과와 부정적인 결과를 모두 가지고 있었다. 이후의 개혁 프로그램은 시장이 기능을 하기 위해 요구되는 법적 및 정치적 제도의 변화를 포함하도록 확대되었다. 득이 되는 개혁도 방향을 잃을 수 있다. 이런 종류의 개혁은 종종 국제 경쟁에 시장을 개방하면 손실을 입는 자산가들을 포함한 정치적 권력자들의 특권을 위협한다. 소중한 개혁의 비용과 혜택이 어떻게 배분될지 알 수 없다. 따라서 사람들이 반대하는 단점을 최소화해야 한다. 이런 문제 때문에 개혁은 가장 복잡하고 불확실한 정부 활동이다.

성장과 성장의 원천

경제학의 창시자 애덤 스미스는 대표작을 『국부론』이라고 명명했고, 부유한 국가와 가난한 국가의 차이를 주요 연구 과제로 삼았다. 현재 경제학자들은 성장의 원인을 탐구하며 같은 문제와 씨름하고 있다.

성장은 간단하게 말해 국가 산출량이 확대되는 것이다. 시간이 지나면 산출량의 작은 차이도 삶의 질에 큰 변화로 이어진다. 30년 동안 매년 4퍼센트씩 성장한 나라가 있다면, 같은 출발점에서 3퍼센트 성장한 국가보다 결과적으로 3분의 1만큼 더 부유해진다. 가난한 국가의 경우 작은 성장의 차이도 큰 변화로 이어진다. 아이들을 질병으로부터 보호할 수 있는 재원을 확보할 수 있느냐 없느냐의 문제와 연관되어 있기 때문이다. 간단히 말해서 자본, 노동력, 기술을 생산에 더 많이 투입을 하고, 새로운 기술이 생산성을 높이면, 경제는 성장한다. 어떻게 이런 일이 일어나는지, 왜 일부 국가에서 이런 일이 일어났는지를 이해하는 것은 경제학의 성배와 같다.

/ Growth and the sources of growth

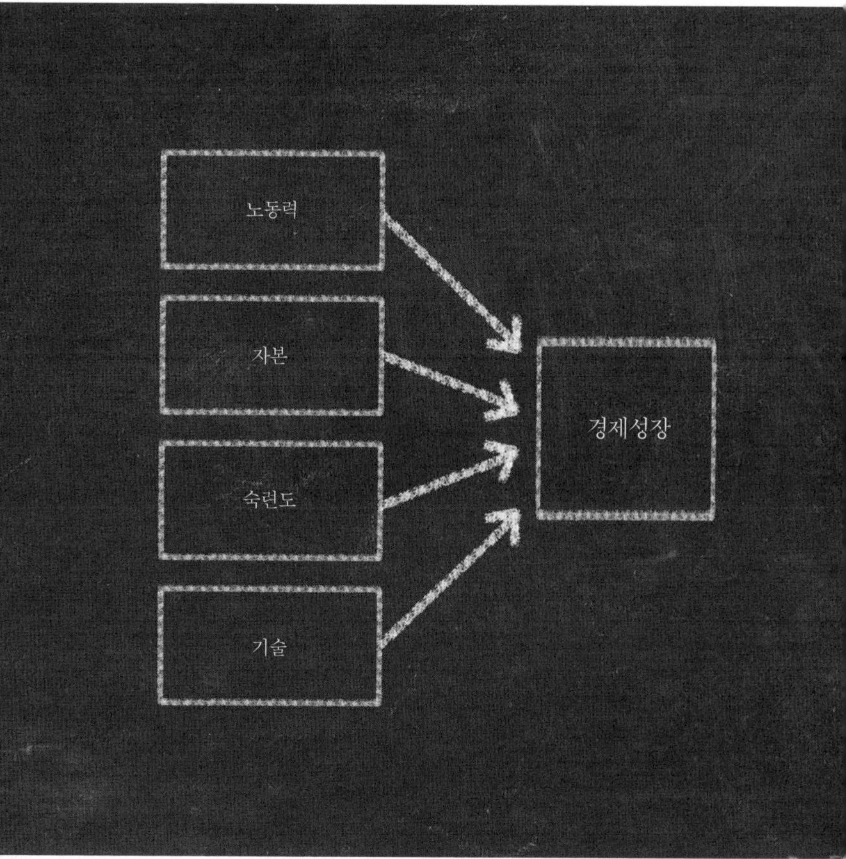

삶의 질과 생산성

경제의 생산성이 높아지면 삶의 질은 상승한다. 새로운 기술 덕에 노동자들이 매일 더 많이 생산할 수 있게 되었다고 가정해 보자. 경제의 자원은 늘고, 임금은 오르고, 삶의 질은 개선된다. 생산성 개선은 한 국가에서 사용할 수 있는 자본과 노동력에 의해서 결정된다. 어떤 국가에서 자본은 많은데 노동력이 부족하다고 가정해 보자. 그럴 경우 임금은 높지만, 기계와 연료의 가격은 낮다. 그러면 기업은 더 많은 기계를 설치하려고 할 것이다. 기계가 발전하면 생산성은 더 높아진다. 일부에서는 영국의 산업혁명이 바로 이런 예라고 주장한다.

생산성 개선의 또 다른 요소는 시장의 크기이다. 시장이 크면 비용의 우위는 표준화된 제품의 대량생산을 통해서 활용된다. 이것이 바로 미국 경제가 초기에 성장하는 데 필수적인 요소였다. 경쟁 역시 생산성에 도움이 된다. 기업이 경쟁을 할 때, 더 높은 생산성을 추구한다.

/ Living standards and productivity

경제적 융합

1950년대 중반 미국의 경제학자 로버트 솔로는 시간이 지날수록 사람들의 삶의 질이 비슷해진다는 경제성장 이론을 제시했다(경제적 융합). 가난한 국가가 부유한 국가를 따라잡는다는 뜻이다. 이 아이디어에 의하면 가난한 국가는 낮은 출발점 때문에 오히려 더 빨리 성장한다. 국가의 자본이 부족할 때 추가적인 투자(공장, 도로, 기계)는 성장에 큰 영향을 미친다. 어떤 국가가 부유하고, 이미 막대한 자본을 축적했을 때, 같은 양의 자본은 성장에 많은 영향을 미치지 못한다. 부유한 국가는 시간이 지날수록 성장이 더뎌진다.

경제학 이론이 모두 그렇듯, 솔로의 이론은 단순한 추정을 기반으로 한다. 그중 가장 중요한 것은 모든 국가가 같은 기술에 접근할 수 있다는 것이다. 현실적으로 최신 기술에 대한 접근을 막는 경제적, 정치적, 사회적 장애물이 존재한다. 한국이나 다른 아시아 국가들은 서구 선진국을 빠르게 따라잡았지만, 경제적 융합을 위해서 아직 갈 길이 멀다.

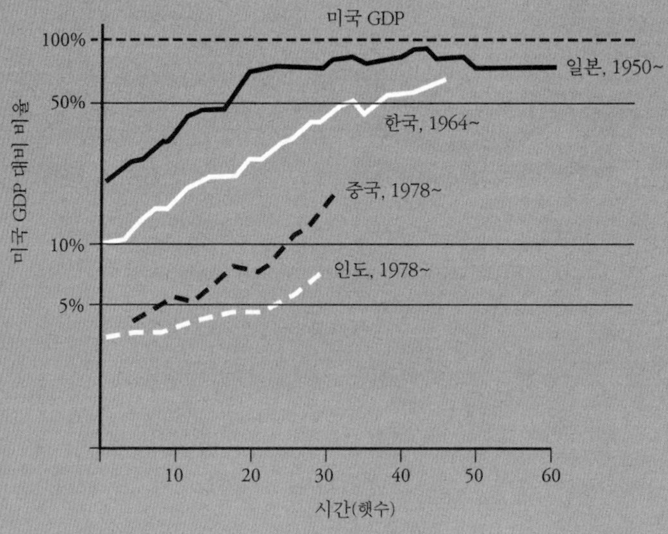

일부 아시아 국가에서 전쟁 이후 1인당 GDP 그래프는 성장 초기에는 빠르게 상승했지만 시간이 지날수록 평평해지는 경향이 있다. 이때 다른 국가가 이들을 따라잡는다.

내생적 성장 이론

초기 성장 이론에서 경제학자들은 장기적인 성장을 돕는 기술 발전이 경제 외적 요소에서 시작된다고 추정했다. 성장이 '외생적'이라는 뜻이었다. 1980년대 중반, 새로운 이론은 기술이 경제 내부에서 시작되며, 따라서 성장은 내생적이라고 주장했다.

과거의 접근 방식에 따르면 모든 국가는 동일한 외생적 기술에 접근할 수 있어야 한다. 국가에 자본이 많을수록 추가적으로 자본을 투입해도 영향이 적으며 국가가 발전할수록 성장은 둔화되고 따라서 가난한 국가일수록 부유한 국가를 빨리 따라잡는 경향이 있기 때문이다. 내생적 이론은 이런 결론을 약화시킨다. 내생적 성장 이론에서 기술은 경제적 인센티브의 영향을 받는 혁신에서 시작되는 것으로 인식된다. 어떤 기업이 만든 새로운 기술과 지식은 다른 기업의 생산성을 향상하는 데 도움이 된다. 이는 경제가 부유할수록 자본의 효과가 줄어드는 현상을 상쇄시킨다. 따라서 성장은 둔화되지 않는다.

자동 생산 라인과 같은 발전된 기술에 대한 투자는 부유한 국가가 계속 성장하도록 만든다.

기술

기술 변화는 장기적으로 삶의 질 개선에 필수적이다. 비록 새로운 기술이 노동을 낡은 것으로 만들어 버릴 경우 실업이 증가하는 부작용이 있지만, 기술 개선은 생산되는 재화의 양과 다양성을 크게 늘린다. 사실 기술은 각 노동자의 생산성을 개선해서 노동력의 수요가 늘어나게 할 수 있다. 심지어 완전히 새로운 경제 영역을 만들어서 노동자에게 새로운 고용 기회를 제공하기도 한다.

전기와 같은 '일반적인 목적의 기술'은 혁신적이다. 경제의 모든 영역에서 생산성을 향상하기 때문이다. 하지만 더 효율적인 오븐 같은 다른 종류의 기술 개선은 특정 분야의 생산성을 개선한다. 일반적인 목적의 기술이 도입되면 경제는 근본적인 변화를 겪는다. 또 새로운 종류의 경제성장이 이어질 수 있다. 18세기와 19세기에 증기 기관이 바로 그런 예다. 현재에는 정보와 통신 기술에서 비슷한 현상을 확인할 수 있다.

/ Technology

인구 증가

지구가 계속 늘어나는 인구를 지탱할 수 있는지에 대한 우려는 18세기 영국의 인구통계학자 토머스 맬서스부터 시작된다. 그는 인구의 증가가 영국의 성장을 위협한다고 주장했다. 높은 삶의 수준을 계속 유지하는 것이 불가능하다고 생각했기 때문이다. 먼저 영양 상태가 좋아져서 사망률이 하락하고, 둘째로 아이들이 늘어난다. 그 결과 인구도 계속 늘어난다. 정해진 땅에 살고 있는 사람이 늘어나기 때문에, 식량 생산은 인구 증가를 따라갈 수 없고, 삶의 질은 하락한다. 결국 사람들은 최저 생활을 겨우 유지하거나, 더 최악의 상황으로 내몰릴 것이라고 주장했다.

물론 맬서스의 예측은 실현되지 않았다. 영국의 기술이 발전되면서 식량 생산이 늘고, 덕분에 삶의 수준은 개선되고 인구는 증가했기 때문이다. 오늘날 아주 가난한 국가들도 맬서스의 함정에 빠져 있는 것 같다. 그래서 인구가 늘면 가난해진다고 생각한다. 하지만 최고의 선진국들은 이 상태를 오래 전에 빠져나왔다.

/ Population growth

산업화와 근대적 성장

국가는 고성장과 발전으로 가는 길에 반드시 산업화된다. 그래서 거대한 농촌 사회로부터 멀어진다. 러시아 출신 미국 경제학자 사이먼 쿠즈네츠는 이런 경제 및 사회적 변화를 '근대적 경제성장'라고 요약했다.

이러한 종류의 성장을 겪는 사회에서는 삶의 질이 향상되고 인구가 증가한다. 인구 증가는 더 이상 낮은 소득을 의미하지 않는다. 사회 변화의 원동력은 노동자가 밭이나 가내수공업에서 벗어나 도시의 거대 기업 혹은 공장으로 이동하는 '구조적 변화'이다. 국가 소득에서 산업 생산이 차지하는 몫이 증가하기 시작하고, 세속화 등의 폭넓은 문화적 추세가 동반된다. 영국은 18세기와 19세기 산업혁명을 통해서 근대적 경제성장을 이루었다. 유럽, 미국, 여타 국가들이 곧 그들을 따랐다. 하지만 아직 많은 국가들이 변화를 겪지 못한 상황이다. 근대적 성장을 촉발하는 정확한 요소는 확인하기 어렵다.

/ Industrialization and modern growth

창조적 파괴

'창조적 파괴'는 자본주의 발전의 부침을 뜻하는 용어이다. 새로운 것을 창조하기 위해서는 과거의 것을 파괴해야 한다는 뜻이다. 오스트리아의 경제학자 조지프 슘페터는 위험을 감수하는 혁신적인 기업가들이 경제를 개발한다고 주장했다. 기업가들은 새로운 상품을 만들고, 이를 위한 시장을 창조한다. 노트북이나 CD 플레이어를 생각해 보자. 과거에 없던 완전히 새로운 제품들이었고, 성공을 보장하지 못했다. 새로운 상품을 도입한 기업은 한동안 높은 수입을 올린다(수익 창출 가능성이 혁신의 원동력이다). 하지만 결국 다른 기업들이 비슷한 상품을 생산하기 시작하고 시장은 정체된다.

이런 사고방식에서 불황은 오래되고 낡은 비즈니스를 솎아내고 새로운 세대의 기업가를 육성하기 위해 필요하다. 이는 시장의 '보이지 않는 손'〔p.44〕의 시각과는 다르다. 보이지 않는 손은 자원을 최적의 용도에 효율적으로 할당한다.

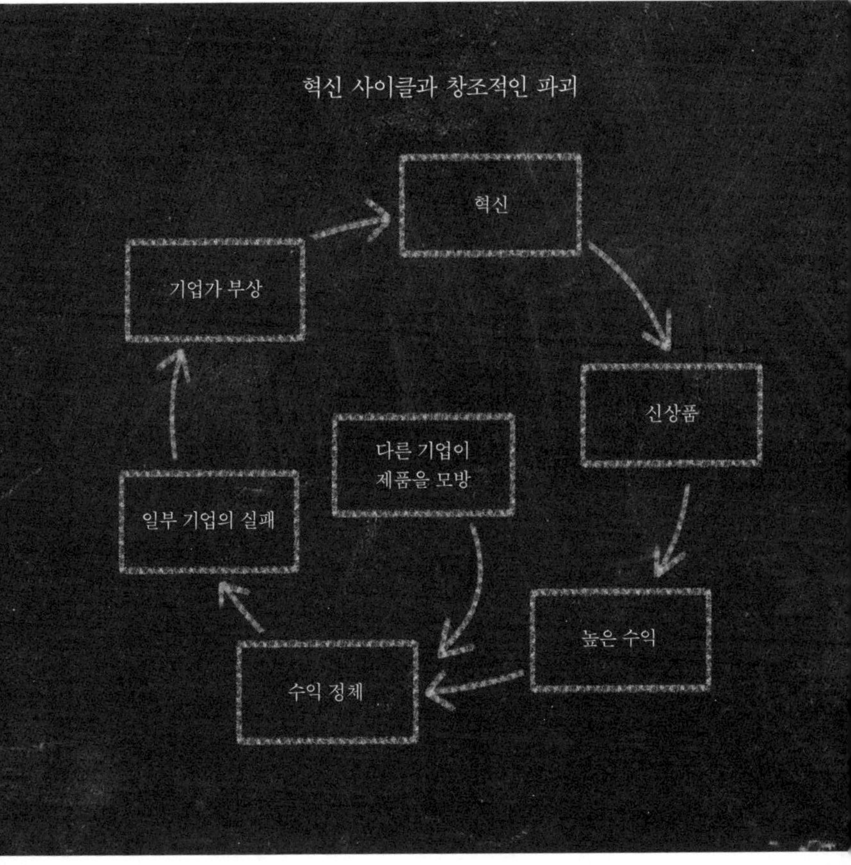
혁신 사이클과 창조적인 파괴
혁신
신상품
높은 수익
수익 정체
일부 기업의 실패
기업가 부상
다른 기업이
제품을 모방

발전 경제학

발전 경제학은 가난한 국가의 기능과 그러한 나라들이 어떻게 부유해질 수 있는지를 연구하는 학문이다. 일부 경제학자들은 가난한 국가와 부자 국가를 통제하는 경제적 법칙에 근본적인 차이가 있는지 의문을 제시한다. 하지만 또 일각에서는 가난한 국가가 직면하고 있는 문제가 매우 특정해서 특별한 이론이 요구된다고 믿는다. 처음에는 가난한 국가들에게 '갑작스러운 변화'가 필요하다고 생각되었다. 새로운 항구에는 도로가 있어야 도움이 된다. 도로가 진정한 가치를 발휘하기 위해서는 항구와 같은 최종 종착지가 필요하다. 이처럼 서로 물고 물리는 관계를 깨뜨리기 위해서는 정부가 동시다발적이고 보완적인 투자를 조율해야 한다. 민간 기업은 할 수 없는 일이다. 1970년대까지 이런 시각은 인기를 끌지 못했다. 경제학자들은 정부의 간섭과 불완전한 시장이 경제개발을 막는다고 주장했다. 1980년대에 세계은행과 국제통화기금은 자유 시장 개혁을 추진하기 시작했다. 그 결과는 들쭉날쭉해서 정부의 기능에 대해 새로운 관심이 쏠리게 되었다.

/ Development economics

빈곤선

한 사회의 빈곤 수준을 측정하는 방법 중 하나는 최저 소득 수준을 정의하는 것이다. 이 수준 밑으로는 빈곤하다고 말할 수 있다. 한 가지 예가 '빈곤선'이다. 종종 하루 1달러 미만으로 언급되고는 하는 빈곤선은 어떻게 설정해야 할까? 경제학자들은 돈 자체보다 행복 혹은 '공익'과 더 관계가 있다고 생각한다. 따라서 기본적인 수준의 공익을 제공할 수 있는 정도, 즉 행복을 측정하기 위해 사용할 수 있는 주관적인 척도를 빈곤선으로 정의하려고 한다. 좀 더 객관적인 기준으로는 최저 칼로리 수준을 사용하는 방법이 있다.

중요한 것은 상대적 빈곤과 절대적 빈곤을 구분하는 것이다. 절대적 빈곤선은 생물학적 기준을 따를 가능성이 있다. 상대적 기준은 평균 소득 대비 특정 비율을 말한다. 소득은 상대적이기 때문에 언제나 빈곤층이 존재한다. 텔레비전과 휴대전화가 있다고 하더라도, 이 기준선 밑이면 빈곤층으로 분류된다. 여기에는 단점이 있다. 빈곤율이 높은 국가에서는 빈곤선보다 훨씬 낮은 수준에서 생활하는 사람들이 증가하는 것을 확인할 수 없다.

/ Poverty lines

역량 이론과 기근

사람들은 대체로 기근은 흉작으로 식량이 부족할 때 일어난다고 믿는다. 1980년대 초 인도의 경제학자 아마르티아 센은 역량 이론을 개발해서 빈곤의 원인이 훨씬 더 복잡하다는 것을 보여 주었다. 그의 이론에서 말하는 '역량'이란, 가정이 생산, 구매, 정부 지원을 통해서 얻을 수 있는 재화와 서비스를 뜻한다. 아무리 가난한 국가일지라도 많은 사람들이 식량을 직접 생산하지는 않는다. 임금을 벌어서 식량을 사는 데 사용하고, 임금과 식량 가격의 균형이 이들이 식량에 접근할 수 있는 역량을 결정한다. 기근은 이 역량이 생존을 위해 필요한 최소한의 식량보다 낮을 때 발생한다. 식량 생산이 줄어서가 아니라, 임금 하락 혹은 가격 상승이 원인이다. 1940년대 임금이 식량 인플레이션보다 훨씬 낮아서 발생한 벵골의 기근을 예로 들 수 있다. 가격의 추세가 식량 공급 방식을 바꾸는 것보다 훨씬 중요하다.

/ Entitlement theory and famines

채무면제

20세기 후반기 많은 빈곤 국가들은 상당한 양의 부채를 얻었다. 이들의 성장이 부채를 갚을 만큼 충분한 자원을 생산하지 못하자 심각한 문제가 발생했다. 1990년대에는 경제적 불황과 함께 막대한 부채에 허덕이던 국가들이 이자마저 갚지 못하는 지경에 이르렀다. 채무면제는 이들 국가의 경제적 위기에 대응하기 위해서 상당한 부채를 취소하고 재조정해 주는 것이다. 많은 경제학자들이 서구 사회 및 국제기구가 이들의 부채를 감면해 주어야 한다고 주장했다. 부채가 너무 많아서 경제성장에 필요한 기본적인 투자마저 줄여야 했기 때문이다. 부채를 줄이면 국가의 성장에 도움이 된다. 또 다른 채무면제의 예는 과거 정권의 부패 혹은 불법에 의해 채무를 지게 된 경우이다. 남아프리카공화국이 아파르트헤이트 정권 후 이들의 부채를 갚아야 할까? 채무면제에는 늘 비판이 따른다. 잘못된 정책과 부패를 보상하는 행위라는 것이다.

채무면제는 가난한 국가들이 이자 지불보다는 학교에 투자하도록 하는 것이 목적이다.

종속이론

대부분의 경제학자들이 국가 간 무역을 '윈-윈'이라고 믿는다. 2차 세계대전 후 제기된 종속이론은 극단적인 대안적 설명이다. 종속이론의 중심 아이디어는 선진국과 개발도상국 사이의 무역이 근본적으로 불평등하며, 가난한 국가가 착취당한다는 것이다. 선진국은 가난한 국가에서 원자재를 구매해서 제조업 발전의 연료로 활용한다. 이때 생산된 재화는 다른 선진국과의 무역에 쓰인다. 가난한 국가에 대한 선진국의 투자는 지역 경제를 개발하기보다 착취한다는 것이 이들의 주장이다. 이와 비슷한 아이디어로 '무역의 조건'(한 국가가 수출로 사들일 수 있는 수입)을 들 수 있다. 무역의 조건은 대부분 가난한 국가에 불리하다. 원자재 가격이 제조품과 비교했을 때 상대적으로 적기 때문이다. 종속이론의 주창자들은 무역의 결과 부유한 '핵심' 선진국은 계속 부자가 되고, '주변'의 가난한 국가들은 계속 도태된다고 말한다. '아시아의 호랑이'의 부상(p.400)은 종속이론을 좌절시키는 예이거나, 적어도 중요한 경고를 제시하는 것이라고 볼 수 있다.

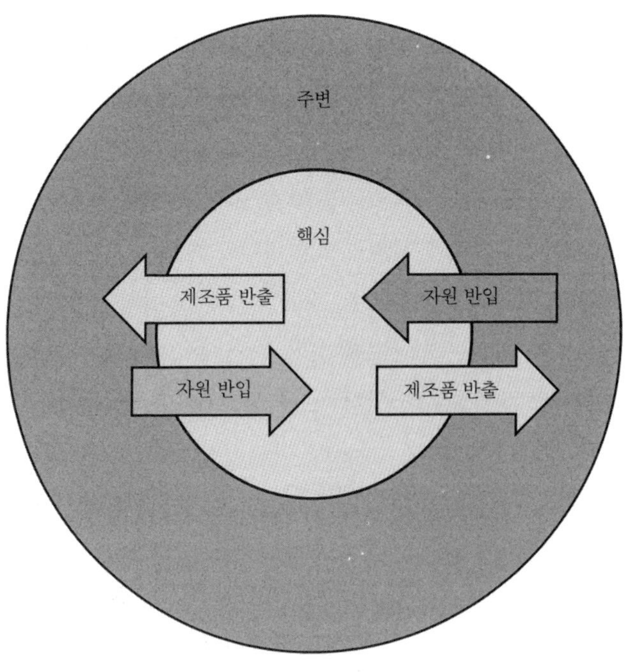
주변
핵심
제조품 반출
자원 반입
자원 반입
제조품 반출

불평등과 성장

성장과 불평등의 관계는 오랫동안 경제학자들을 괴롭혀 왔고, 논란의 대상이었다. 한 가지 의견은 경제개발로 인해 불평등이 악화된다는 것이다. 각종 산업이 농촌 국가에서 부상할 때, 가장 먼저 불평등이 발생한다. 새로운 분야가 더 높은 임금을 제공하지만, 경제의 일부분을 차지할 뿐이기 때문이다. 또 다른 경제학자들은 20세기 후반기의 경제성장이 빈곤과 불평등을 줄였다고 주장한다.

또 다른 관점은 불평등이 경제의 성과에 어떤 영향을 미치는지를 고려하는 것이다. 일부 경제학자들은 불평등이 경제성장을 막는다고 말한다. 불평등이란 소수 엘리트의 손 안에 자본이 집중되는 것이다. 자본이 없는 인구 상당수는 공공서비스 제공을 위해서 세율을 높이기를 원한다. 이들이 유권자의 다수를 차지하고 있기 때문에 정부는 결국 자본에 대한 세율을 높인다. 하지만 성장은 자본의 축적에 따라 좌우되므로 결국 성장이 둔화되는 결과로 이어진다.

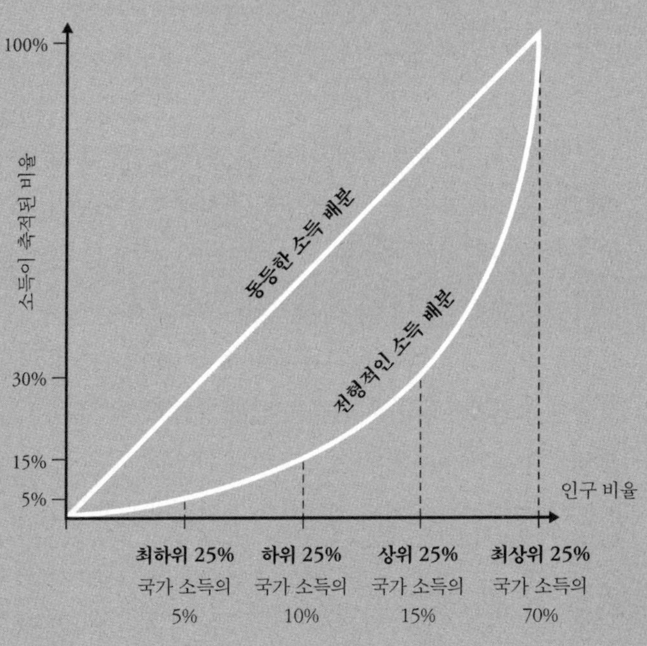
이 그래프는 다양한 인구의 소득 불균형을 비교한 것이다.
직선은 모두가 동등한 소득을 얻을 때를 뜻한다.
100%
30%
15%
5%
소득이 축적된 비율
동등한 소득 배분
전형적인 소득 배분
인구 비율
최하위 25%
국가 소득의
5%
하위 25%
국가 소득의
10%
상위 25%
국가 소득의
15%
최상위 25%
국가 소득의
70%

인적 자본

자본은 기계, 공장, 투자 등 향후 상품과 서비스를 생산할 수 있는 재화로 구성된다. 경제학은 물리적 자본의 아이디어를 인간으로 확대했다. 인적 자본은 사람이 가지고 있는 생산적인 능력을 뜻한다. 트랙터를 끌고, 빌딩을 디자인하고, 회계 장부를 적는 데 필요한 기술과 숙련도가 인적 자본이다.

기업이 새로운 기계를 설치하면서 물리적 자본을 쌓듯이, 사람은 교육과 훈련을 통해서 인적 자본에 투자해야 한다. 기업은 미래에 수익을 올릴 수 있다는 생각에 새로운 기계를 구매한다. 마찬가지로 노동자는 향후에 높은 임금으로 보상을 받을 수 있다는 생각에 교육에 투자한다. 노동자는 향상된 생산성만큼 높은 임금을 받게 된다. 인적 자본이 생산성을 높이기 때문에, 고용주는 기꺼이 더 많은 비용을 지불한다. 숙련 노동자와 비숙련 노동자의 임금 격차를 기술 프리미엄이라고 부른다. 경제성장을 위해 인적 자본은 필요하다. 만약 인적 자본이 부족하면 경제성장이 심각하게 저해된다.

/ Human capital

아시아의 호랑이

20세기 가장 놀라운 경제성장은 소위 말하는 '아시아의 호랑이(홍콩, 한국, 싱가포르, 대만)'의 변화였다. 이들은 주변부 경제에서 시작해 유럽 및 미국의 생활수준에 맞먹을 정도로 선진국이 되었다. 일부에서는 이들의 성장이 자유 시장을 추구한 정부 정책 때문이라고 주장한다. 또 일각에서는 이들 국가가 '개발에 걸맞는 상태'를 가지고 있었다고 말한다. 정부는 공공재만 제공하고 시장에 개입하지 않는 전통적인 경제 통념에서 벗어났다는 뜻이다. 두 번째 설명은 시장을 받아들이기는 했지만 독재적이면서 개입적인 정부의 특성을 강조한다. 예를 들어서 생산을 특정 산업 부문에만 집중하는 것이다. 진실이 무엇이든, 이들 국가는 독특한 경제조직을 가지고 있었다. 최근에는 중국 경제가 부상하기 시작했다. 중국 역시 정부의 개입과 시장의 인센티브를 혼합한 구조를 가지고 있다.

/ The Asian Tigers

비공식적 경제

돌멩이 사이에서 자라나는 풀처럼, 민간 기업과 관료주의적 공식 경제 틈새로 경제적 삶이 자라난다. 시장에서 가판대를 들고 호객 행위를 하는 행상, 구두닦이 소년, 암달러상까지 모두 비공식적 경제를 구성한다. 이런 경제는 다양한 분야에서 나타나며, 아직도 사회 전반에 존재한다.

최근에 개발도상국의 비공식적 경제에 많은 관심이 쏠렸다. 이들 국가에서 비공식적 경제는 경제활동의 상당 부분을 차지한다. 하지만 법적 규제와 세금의 대상이 되는 공식적인 구조가 아니기 때문에 측정이 어렵다. 많은 개발도상국에서 농촌의 주민들은 일자리를 찾아 이곳저곳을 떠돈다. 이들 중 다수가 비공식적 경제에 속하게 된다. 경제개발 정책 중에는 이들이 경제의 일부가 되도록 돕는 것도 있다. 예를 들어서 돈을 대출해 주는 방법이 있는데, 이들이 은행에서는 대출을 얻지 못하기 때문이다.

고갈성 자원

고갈성 자원은 석탄과 석유처럼 한정된 자원이다. 계속 사용하면 결국 다 써 버리게 된다. 경제적으로 고갈성 자원은 금융자산과 같다. 어떤 이론에서는 고갈성 자원의 순익(가격-비용)이 금리와 같은 비율로 상승해야 한다고 주장한다. 만약 석유를 팔아서 얻는 수익이 금리 인상보다 더디면, 유정을 가진 사람은 석유를 모두 팔아 버리고 돈을 은행에 넣어 이자 수익을 얻으려고 할 것이다. 따라서 고갈성 자원의 가격은 사용에 따라 점진적으로 상승해야 한다. 하지만 천연자원의 가격은 곧잘 장기적인 하락세를 보인다.

일반적으로 언제 자원이 고갈될지는 알 수 없다. 효율적인 자원 추출 및 사용 방법이 개발되어 고갈 시기를 늦추기도 한다. 정말 알 수 없는 것은 이처럼 고갈 시기를 늦추는 것이 언젠가 한계에 부딪힐 수도 있다는 것이다.

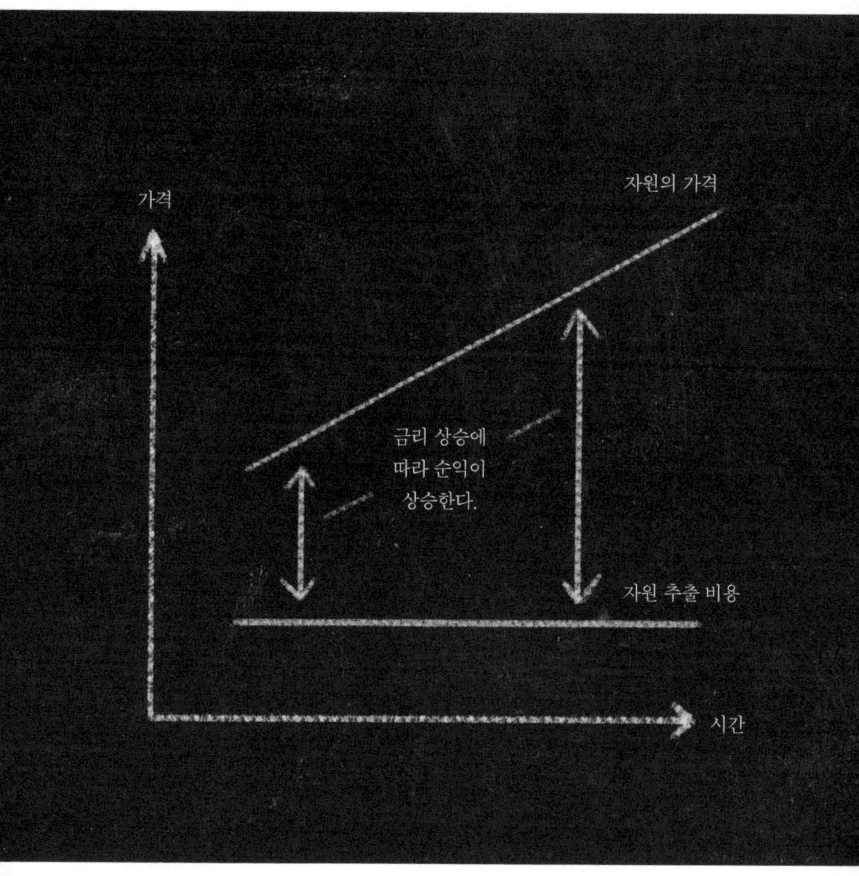
가격
자원의 가격
금리 상승에
따라 순익이
상승한다.
자원 추출 비용
시간

환경 및 집합 행위

기후가 변화하면서 세계는 엄청난 집합 행위의 문제에 직면했다. 스페인에서 기업이 온실가스를 배출하고 있다고 가정해 보자. 만약 온실가스 때문에 순익이 줄어든다면 이 기업은 배출을 제한할 것이다. 하지만 대부분 그렇듯 자사가 배출하는 가스가 스페인, 프랑스, 독일의 다른 기업에 영향을 미치는지 여부는 고려하지 않는다. 집합 행위가 가지고 있는 또 다른 문제는 환경이 경제학자들이 말하는 '공공재'〔p. 58〕라는 것이다. 그래서 다른 사람들이 무임승차를 할 때 왜 혼자 환경 보호를 위한 비용을 감당해야 하는지 의문을 제기한다. 기후 변화는 시급한 문제이다. 현재가 아니라 미래 세대가 더 큰 대가를 치르기 때문이다. 한 가지 해결책은 실행이 어렵지만 배출 할당량을 설정하는 것이다. 또 다른 문제는 오염에 세금을 매기는 것이다. 탄소 배출권은 대기오염을 위한 시장을 만들려는 노력으로, 기업들이 배출한 오염의 비용을 전면 부담하도록 요구한다. 이 방법은 배출 가스를 손쉽게 줄인 기업에게 가장 큰 혜택을 준다.

/ The environment and collective action

주요 용어

간접세
구매한 재화에 부과되는 세금. 소득세 등의 간접세와 대비된다.

경쟁
기업이 다른 기업과 구매자를 얻기 위해 경쟁하는 상황. 가격과 순익을 낮춘다.

공급량
특정 가격에 기업이 기꺼이 제공하는 재화와 서비스의 양. 일반적으로 가격이 상승하면 공급이 상승한다.

과점
소수의 대기업이 통제하는 시장. 이들의 결정이 시장의 일반적인 규칙 이상으로 영향을 미친다.

관세
수입품에 부과되는 세금. 세금은 정부의 세수를 높이고, 해외 물건에 대한 수요를 낮춘다.

국내총생산(GDP)
한 국가에서 1년 동안 생산된 재화와 서비스의 총가치. 국가 소득을 측정하는 공통적인 잣대.

국제수지
한 국가의 국민들과 다른 국가의 국민들 사이에 발생한 거래의 기록. 여기에는 재화와 서비스의 수입과 수출뿐 아니라, 투자와 대출 등 자본의 흐름이 포함된다.

기회비용
선택으로 포기하게 된 차선이 갖는 가치. 예를 들어서, 새로운 병원 시설에 투자하는 데 대한 기회비용은 대신 구매할 수 있는 학교 컴퓨터이다.

독점
재화와 서비스를 단독으로 제공하는 기업. 경쟁사가 없기 때문에 비싼 가격을 부과한다.

디플레이션
인플레이션의 반대. 경제의 전반적인 가격수준이 하락하는 것이 디플레이션이다.

매출
기업이 재화를 판매하고 버는 돈의 양.

물물교환
돈을 사용하지 않은 재화의 직접 교환. 일례로 물고기와 토마토를 바꾼다. 물물교환은 돈을 사용한 교환보다 비효율적이다. 양측이 거래 가능한 재화를 가지고 있어야 하기 때문이다.

부채
대출자가 대출 기관에서 빌리는 돈. 부채는 개인, 기업, 정부에서 모두 발생할 수 있다.

분업
생산과정을 다양하게 분리하는 것. 각 단계는 전문화된 노동자가 진행한다. 분업은 근대적 생산방법의 중요한 요소이다.

불황
경제 산출량이 감소하는 기간. 일반적으로 실업 증가 및 가격 하락과 동반된다.

비용
기업이 특정 수준의 생산을 위해 필요한 돈의 양. 비용에는 원자재 및 노동력에 대한 지출이 포함된다.

생산성
원자재가 제품으로 바뀌는 효율성. 생산성은 더 적은 원자재로 만들 수 있을 때 상승한다.

소비
개인이 욕망을 만족하기 위해 재화를 사는 데 직접 돈을 소비하는 것. 레스토랑에서 밥을 사 먹는 것은 소비이지만, 레스토랑이 새로운 오븐을 구입하는 것은 소비가 아니다.

수요
구매자가 특정 가격에 기꺼이 구매하려는 재화와 서비스의 양. 일반적으로 가격이 하락하면 수요가 증가한다. 하지만 예외도 있다.

순익
비용 대비 얻는 수익. 기업의 목표는 순익 극대화이다.

인적 자원
사람의 경제적인 생산 능력. 인적 자원은 훈련과 교육으로 개선된다.

인플레이션
전반적인 가격이 상승하는 것. 많은 재화와 서비스의 가격이 상승한다.

자본
깡통 스프나 신발 같은 소비재를 만들기 위해 사용하는 기계 및 공장.

재정 정책
정부가 경제의 수요에 영향을 미치고 소득을 분배하기 위해 부과하는 세율 및 정부 지출.

저축
재화와 서비스에 지불하지 않고 대신 미래의 소비를 위해 저장되는 소득.

주식
기업의 소유권 지분. 공개 기업의 주식은 증권거래소에서 교환되며, 기업의 경영 및 순익에 대한 권리를 제공한다.

직접세
세금을 내는 사람에게 직접 부과되고, 세금 당국에 직접 지불된다. 예를 들어서 소득세가 있다.

채권
기업 혹은 정부가 돈을 조달하기 위해 발행한 금융 상품. 채권 구매자는 발행자에게 돈을 빌려주고 대가로 이자를 받는다.

통화정책
정부 혹은 중앙은행이 통화량에 영향을 미치기 위해서 취하는 행동.

투자
기계 등 자본재에 대한 지출, 이들은 또 다른 재화를 만들고, 이렇게 만들어진 재화는 소비자가 구매한다. 기업은 자본을 확대 및 재생산하기 위해서 투자를 한다.

한계비용
생산이 증가할 때마다 기업이 부담해야 하는 초과 비용.

한계 수익
재화의 판매가 증가할 때마다 기업이 벌어들이는 초과 수익.

환율
영국 파운드화 같은 하나의 통화와 달러 같은 또 다른 통화의 관계.

찾아보기

ㄱ
가격 차별화 170
가격 통제 290
가격의 경직성 240
가족 경제학 362
가치
  노동가치론 348
  역설 32
거래 비용 138
게임이론 82
결핍 356
경기순환 196, 230, 234, 242, 246, 256, 270, 272, 288
경쟁
  독점 160
  완전 158
경제개혁 368
경제 안정 정책 246
경제정책 200, 254, 260, 332
경제적 융합 374
경제적 자유주의 358
경합 시장 174
고갈성 자원 404
고정 및 변동 환율제 328
공공재 58
공급 중시 경제학 264
공유지의 비극 54
공정 무역 314
과시적 소비 360
과세 50, 284, 298
과점 164
국내총생산GDP 182
국제경제 316
국제수지 304
국제적인 불균형 318
규제 296
금리 100
금본위제도 330
금융
  거품 132
  공학 122
  위기 128
  중개 108
기술 378
기업 138~180
  소유권 및 통제 142
  자금 조달 134
기펜재 40
기회비용 16

ㄴ
내생적 성장 이론 376
노동력 공급 30
노동력 이동 324
노동력에 대한 수요 326
노동조합 354

ㄷ
다국적기업 322
단일 통화 334
대체효과 22
대체재 18, 38

도덕적 해이 72
독립적 중앙은행 268
독점 160, 174
자연적 162, 296
독점적 경쟁 166
돈 90~104

ㄹ
래퍼 곡선 264
루카스, 로버트 260
리카도 동등성 원리 266

ㅁ
마르크스, 카를 346~348
마찰적 실업 80, 202
매몰 비용 154
명목화폐 92
모딜리아니-밀러 정의 134
무역 적자 304, 318, 336
무역 전쟁 308
무역 306~318, 394
공정 314
자유 306
무임승차 58
미국의 무역 적자 318
민스키, 하이먼 128
밀, 존 스튜어트 338

ㅂ
발전 경제학 386~392, 402
뱅크런 110
베버, 막스 340
보완재 18
보이지 않는 손 44
보호무역주의 308
복지국가 286
부정적 외부 효과 52
분업 156
불평등과 성장 396
불확실성 64
불황 196
브레턴우즈 체제 316
비공식적 경제 402
비교 우위 302
빈곤선 388

ㅅ
사회적 시장 352
사회적자본 366
산업화 382
삶의 질 292, 370, 372, 374, 378~382
생산함수 146
생애 주기 가설 224
생활비 216
석유수출국기구 168
선호도 14
성장 370~384
내생적 376
불평등 396
산업화 및 근대 382
세계화 310, 322
세금/과세 228, 276~284
끈끈이 조세 이론 178
사중 손실 280
정액세 282
재분배 284
직접 및 간접 278
오염 298
소득 182~194
순환 186
식비 26
영구 224

소득효과 22
소비 190
소비자 가격지수 216
소비자 잉여 24
솔로, 로버트 374
수요 34
　법칙 36
　탄력성 38
수익률 120
수확 체감의 법칙 148
수익 극대화 140
스미스, 애덤 32, 44, 48, 156, 338, 370
스태그플레이션 206
승자의 저주 78
시간 비일관성 268
시장 8~88, 358, 372
시장 실패 50
시차 선호 28
신뢰할 수 있는 위협 84
신용 경색 130
실물 경기 변동 이론 230
실물화폐 92
실업 198~208
　마찰 80, 202
　인플레이션 204, 206
　자연 수준 200, 208

ㅇ
아시아의 호랑이 400
알레의 역설 88
애로우의 불가능성 정리 62
양적 완화 250
엥겔법칙 26
역량 이론과 기근 390
역선택 74
열등재 20
예산 균형 272
예산 적자 234, 270, 272
예산 흑자 270
예측 136
완전 경쟁 158, 164
외환 위기 332
위험 64, 118
　수익 114
　회피 66, 96
욕망의 이중적 일치 90
유동성 함정 210
유한 책임 144
윤리 338
은행 96, 108~110, 248
이전 지출 192
인적 자본 398
인플레이션 목표 258
인플레이션 98, 102, 210~214, 220, 268
　금리에 대한 효과 106
　수요 및 비용 214
　실업 204, 206
　장점과 단점 212
일반 균형 42
임금 236~240
　경직성 240
　효율 238

ㅈ
자동 안정 장치 228
자본 자산 가격 결정 모형 118
자본 자유화 320
국제적인 자본 흐름 320
자본주의 346, 384
자연 산출량 200
자유무역 306

자유 시장 34, 42~48, 60, 368, 386, 400
재정 정책 252
정부 지출 192, 266
정책 재량 대 규율 254
정치적 경제 순환 234
젠더 364
조세의 귀착 276
종교 340
종속이론 394
죄수의 딜레마 82
주식시장 116, 124
주인-대리인 문제 70
주택 시장 242
중앙정부의 계획 350
지급 준비 시스템 96
진입 장벽 174
집합 행위 406

ㅊ
창조적 파괴 384
채권 112
채무면제 392
총수요 및 총공급 194
최저임금 292

ㅋ
카르텔 168
케인스 승수 226
케인스 학파 252, 266
케인스, 존 메이너드 190, 226, 358
코스의 정리 56
크라우딩 아웃 262

ㅌ
토빈의 Q 124
통화 수량설 218
통화 중립성 232
통화량 94
통화주의 256
투자 188
특허 176

ㅍ
파레토 효율 46~48
파생 상품 122
평균 원가와 한계 비용 150
포식 172
폴라니, 칼 342
프리드먼, 밀턴 206, 256
피셔 효과 106
필립스곡선 204, 206

ㅎ
하이에크, 프리드리히 358
하이퍼인플레이션 92, 102, 212, 220
합리적인 기대 222, 260
합리적 인간 8
항상소득 224
행동 경제학 86
호황, 폭락, 불황 196
화폐 착각 104
환경 및 환경세 298
환율 316, 326~332, 336
효용성 12, 32
효율적 시장 가설 126
후생경제 논리 48
희소성 10
히스테리시스 208

Picture Credits

2: Shutterstock/Everett Collection / 4,5: Shutterstock/SeanPavonePhoto / 9: © Ewing Galloway/ClassicStock/Corbis / 11: © IsseiKato/Reuters/Corbis / 17: Shutterstock/ml / 31: © Franco Cogoli/ SOPA RF/SOPA/Corbis / 33: Shutterstock/ AfricaStudio / 39: Shutterstock/Aigars Reinholds / 43: Shutterstock/connel / 55: Shutterstock/evronphoto / 59: Shutterstock/Sorbis / 63: Shutterstock/ zentilia / 65: Shutterstock/Sashkin / 67: Shutterstock/Sakonboon Sansri / 73: Shutterstock/Uka / 77: Shutterstock/ hxdbzxy / 79: Shutterstock/VladisChern / 81: Shutterstock/Ints Vikmanis / 87: Shutterstock/AMC Photography / 91: Shutterstock/2j architecture / 93: Shutterstock/Imagewell / 103: RIA Novosti archive, image #978776/Alexey Kudenko/ CC-BY-SA 3.0 / 109, 110: Shutterstock/ SeanPavonePhoto / 113: Shutterstock/ Jim Pruitt / 117: Shutterstock/Everett Collection / 123: Shutterstock/gillmar / 131: Shutterstock/sixninepixels / 133: Shutterstock/PHB.cz(Richard Semik) / 137: Shutterstock/Fer Gregory / 143: Shutterstock/Pavel L Photo and Video / 147: Mary Evans/Everett Collection / 155: Shutterstock/pollix / 159: by Ester Inbar, available from http://commons. wikimedia.org/wiki/User:ST / 161: Shutterstock/Southdown Studios / 163: Shutterstock/Kodda / 171: carlourossi via wikimedia / 175: Shutterstock/Arcady / 177: Shutterstock/Somchai Som / 181: Shutterstock/LucianoMortula / 189: Shutterstock/Zurijeta / 191: Shutterstock/ Radu Bercan / 193: Shutterstock/ Paulo M. F. Pires / 199: Shutterstock/ Everett Collection / 203: Shutterstock/ Petrafler / 213: © Philimon Bulawayo/ Reuters/Corbis / 217: Shutterstock/Yelena Panyukova / 223: Shutterstock/Dragana Gerasimoski / 235: © Kevin LaMarque/ Reuters/Corbis / 241: © Hulton-Deutsch Collection/Corbis / 243: Shutterstock/ Stephen Griffith / 245: Shutterstock/ fritz16 / 247: Shutterstock/PanicAttack / 249: Shutterstock/Petronilo G. Dangoy Jr. / 257: The Friedman Foundation for Educational Choice / 267: © Bettmann/ CORBIS / 269: Shutterstock/r.nagy / 283: Shutterstock/David Fowler / 287: Topical Press Agency / 289: Shutterstock/Anna Tsekhmister / 293: Shutterstock/Leroy Harvey / 297: Shutterstock/shutter / 299: Shutterstock/jvd-wolf / 301: Shutterstock/ NickPavlakis / 311: Shutterstock/E.G.Pors / 315: Shutterstock/Darrin Henry / 323: Shutterstock/CarpathianPrince / 325: Dorothea Lange U.S. Department of Agriculture / 327: Shutterstock/Vladimir Koletic / 331: Shutterstock/Lisa S. / 333: Bundesarchiv, Bild 102-12023/Georg Pahl/CC-BY-SA / 343: Shutterstock/ archideaphoto / 345: Shutterstock/1000 Words / 353: Hulton Archive / 355: Shutterstock/godrick / 357: U.S. National Archives and Records Administration / 359: © UPP/TopFoto / 361: Shutterstock/ Karkas / 363: Shutterstock/Tracing Tea / 369: © David Turnley/Corbis; / 373: Shutterstock/BartlomiejMagierowski / 377: Shutterstock/Small Town Studio / 379: Shutterstock/Ragma Images / 381: Shutterstock/Vladimir Wrangel / 383: Shutterstock/Stokkete / 387: Shutterstock/joyfull / 389: Shutterstock/ paul prescott / 393: Shutterstock/Pecold / 399: Shutterstock/Anneka / 401: Leeyan Kym N. Fontano / 403: Shutterstock/ project1photography / 407: Shutterstock/ Yvonne Pijnenburg-Schonewille.

옮긴이 **박준형**

서울외국어대학교 통번역대학원에서 한영 통번역 석사 학위를 취득했다. 환경부, 재정경제부 등 정부 기관과 여러 방송국에서 통번역 업무를 담당했으며 이데일리 경제부에서 기자로 근무했다.
현재 출판 번역 에이전시 베네트랜스에서 전속 번역가로 활동 중이다. 『테드 토크』, 『관계를 깨뜨리지 않고 원하는 것을 얻는 기술』, 『위대한 리더의 생각』 등 다수의 책을 옮겼다.

| 한장의 지식 | 경제학

1판 1쇄 인쇄 2016년 12월 30일
1판 1쇄 발행 2017년 1월 12일

지은이 니얼 키슈타이니
옮긴이 박준형
펴낸이 김영곤
펴낸곳 아르테

미디어사업본부 이사 신우섭
책임편집 신원제 인문교양팀 장미희 디자인 박대성 교정 장원
영업 권장규 오서영 프로모션 김한성 최성환 김선영 정지은

출판등록 2000년 5월 6일 제406-2003-061호
주소 (10881) 경기도 파주시 회동길 201(문발동)
대표전화 031-955-2100 팩스 031-955-2151 이메일 book21@book21.co.kr

ISBN 978-89-509-6860-1 03300
아르테는 (주)북이십일의 문학 브랜드입니다.